【文庫クセジュ】

世界のなかのライシテ

宗教と政治の関係史

ジャン・ボベロ著
私市正年／中村遥訳

Que sais-je?

白水社

目次

序章　ライシテ――国際的現実

ライシテ[1]という言葉が普通に使用されるのは、いくつかの国に限られている。しかし、ライシテという言葉が包含する概念は、より広範囲な国に及ぶ。二〇〇五年、三〇か国、二五〇人の知識人たちが署名した、二十一世紀世界ライシテ宣言は、以下のように述べている。「実際、ライシテ《ライシザシオン》への歩みが起こるのは、国家がもはや特定の宗教や個別的な思考の系統によって正当化されなくなり、市民全体が権利と尊厳の平等のうちに平和な議論ができるようになるときである。このとき市民は、みずからの主権を用いて政治権力を行使する。（……）したがって、ライシテを構成するいくつかの要素は、精神的・宗教的な利害関係が錯綜とし、多元主義的な考え方が見られる社会において、そうした社会関係に調和をもたらそうとするときに必然的に現われてくるものである」。宣言は、さらに続けて次のように述べる。「ライシテは、いかなる文化、いかなる国民、いかなる大陸の専有物でもない。この言葉が伝統的に使われてこなかった状況や局面でも、それは実質的に存在しうる。[2]」

（1）本書では「ライシテ」という言葉を翻訳せずに、そのまま用いたが、ライシテや世俗主義にかかわる基本タームの意味については、ジャン・ボベロ『フランスにおける脱宗教性の歴史』三浦信孝／伊達聖伸（訳）、白水社、文庫クセジュにおける「キーワードの訳語と解説」を参照。

なお、本書では、ライシテとは、国家が特定の宗教を保護せず、複数の宗教が国家（政治）から自立しながら平等な地位を保障され、また個人および集団も宗教の選択と信仰の自由が保障されている原理、の意味で解釈している。社会的・文化的生活（とくに個人生活のレベル）では、宗教の役割が小さくなることではない。その点で、日常的な社会生活や文化生活において、宗教の価値や役割が後退することを意味する「世俗化」「世俗主義化」とは意味が異なることに注意。ライック（ライシテの形容詞）の語は、本書では、状況により、ライック、ライシテ的、ライシテに基礎をおく、ライシテに向かう、など多様に訳語を使いわけた〔訳注〕。

（2）二〇〇五年、十二月十日付『ル・モンド』参照。

訳文は以下の伊達訳文を用いた。「二十一世紀世界ライシテ宣言」伊達聖伸（訳）、『世俗化とライシテ』羽田正（編）、東京大学グローバルCOE「共生のための国際哲学教育研究センター」二〇〇九年、一一七～一一八頁〔訳注〕。

こうした理解は、ライシテをフランスに固有の概念とする一般的考え方と矛盾する。しかし、この理解はライシテ概念の生みの親たちの考え方から離れてはいない。すなわち、アリスティド・ブリアンによって成文化された、フランスの「諸教会と国家の分離法」（一九〇五年）の報告書は、ライシテの体制を備えているさまざまな国として、ブラジル、カナダ、アメリカ、メキシコなどを挙げている。

ライシテの最初の理論家、哲学者のフェルディナン・ビュイッソンは一八八三年に、フランスは、「ヨーロッパで最もライックな」国であると主張している。それは、他のヨーロッパの国がフランス程ではないが、ライックであり、他の大陸の国々はおそらくフランスよりより、ライックであることを認めることなのである。ビュイッソンによれば、ライシテは、「公的生活の多様な機能」が「教会の厳しい監督」から離れ、解放される歴史的過程の中で根を下ろすのである。それからわれわれは、最後に「あらゆる信仰に対して中立的で、あらゆる聖職者から独立し、あらゆる神学的概念から解放されている、ライックな国家」に到達するのである。この政府は、「その時から、いかなる宗教信条にも関係なく保障される市民権の行使」による「法の下の平等」と「あらゆる宗教の自由」とを認める。(1)

(1)「このような定義からすれば、ライシテの原理がアメリカで先に確立したといってもよいだろう。」と、D・ラコルヌは述べている。参考文献【49】二二五頁。

カナダの社会学者ミシュリーヌ・ミロと私は、ライシテの目的は、良心の自由、宗教的理由による差別の排除であり、またその手段は国家の中立性、政治的権力と宗教的権力(から)の分離であることを指摘した。(1) 上述の宣言はライシテを次の三つの原則によって定義している。「①個人および集団の思想とその実践の自由の尊重、②特定の思想的宗教的規範に対する政治と市民社会の自律、③すべての人間に対する直接的間接的差別の撤廃」である。後で述べるがアメリカやインドの研究者たちは、似たようなやり方で、世俗国家《セキュラー・ステイト》を考察している。用語は変わったが、ライシテ概念の当初の問題はそのまま残った。どちらも、多かれ少なかれライシテの指標になるものを提示したが、絶対的なライシテの定義を示しはしなかったのである。たとえば、ブリアンは論理的に分離の基準を定めたが、もし彼が、学校や生活習慣を考慮したならば、その分類はおそらく異なっていただろう。

(1) 参考文献【6】七五〜八一頁。

したがって、中立性、分離、良心の自由、および差別の撤廃をとくに指標として重視しながら、ライシテを形成したライシテ化の歴史的プロセスに、またライシテを正当化した思想的基礎に、さらにライシテの社会的実態と政治的現実に注目することによって、地球上に存在するさまざまなライシテを研究することは可能である。これらのライシテは同等ではないが、これら四つの指標に照らして評価することは可能である。とはいっても、これはライシテに関する最低限の敷居が越えられたことを示している。

メキシコの社会学者、ロベルト・ブランカルテは、この敷居を、「政治的諸制度が、もはや宗教的諸要素によってではなく、本質的に人民の主権によって正当化される、共存のための社会体制」[1]と定義している。この定義の意義は三つある。まず、それは「ライシテ」の語源が、ギリシア語の名詞で、聖職者ではない人びとを意味する「ラオス」に由来することを想起させたことにある。次に、この定義は、契約論によって有機的に結合された二つの主要な思想と関係している。すなわち法による、法のもとでの主権原理と諸権利を所有する個人の二つである。そして最後に、この社会学者は、ベルギーの哲学者、トマス・ベルンの分析にたどりつく。すなわち、ライシテ、「ラオス」は、宗教との緊張関係においてて存在していただけではなく、時には国家との緊張関係においても存在していた、ということである。ブランカルテ自身も、「権力が、厳密には宗教的な形ではなくとも、みずからの存続のために聖化の形態をとること」――これは、結果として、「ライシテのライシテ化のための」の闘争をもたらした――を主張した。ベルンは、政治と宗教の隔たりはライシテの構成要素をなすものであり、「その隔たりは、決して最終的に確定したものではない。それは、みずからを裏切ることができるし、維持管理され、作り変えられていかねばならない[2]」と詳述している。

（1）参考文献【9】一一七頁以下。
（2）参考文献【26】所収の Th. Berns 論文、四九頁。

「ライシテ」が時間を超えて存在するという硬直的な実在論的概念、つまりイデアの世界に存在するまったくのプラトン的観念から離れ、また「フランス的例外」とするライシテのナショナリスト的思考からも離れて、われわれは本書においてライシテの合理的でダイナミックなアプローチを試みよう。そこでは、人文諸科学と政治哲学が知識の建設のために共同作業を行なうだろう。このアプローチが国際的になることを願っている。また、この知識が異なるディシプリン間に、また、さまざまな国の研究者のあいだに広まること、そして、この知識がライシテに関する研究を豊かにし、刷新することを願っている。

第一章　ライシテの前史

ライシテを定義するために、ビュイッソンはその出発点における多様な権力の「混合」状態、宗教への諸権力の「従属」状態を描いている。ところが実際には、ほとんどの社会は神権政治ではなかった。一般的に、政治権力と宗教権力が緊密に結合している時であっても両者は区別されていたし、聖職者が直接的に統治することはなかった。しかしながら、聖職者は、政治権力に影響力を行使していた。というのも、政治権力は宗教的基盤によって正当化されていたからである。

したがって、ライシテは「世俗権力」と「宗教権力」の単なる区分以上の意味をもっている。つまり、ライシテとは、西欧近代が重要な役割を果たした——他の社会がまったく役割を果たさなかったわけではないが——歴史的産物なのである。それにもかかわらず、権力の区分は、ライックでない社会がみずからの前時代の伝統の中に保持された現実のライシテと必ずしも矛盾しない、という結果をもたらした。[1]それ故それぞれの伝統は、ライシテをみずからの文化に順応させることができ、ライシテの兆しと思われる要素を事後的にみずからの過去の中に再発見することができるのである。また、反教権主義の形態や多元的システムは西洋近代より以前に、またそれと無関係に存在した。以下は、その例である。

（1）これは、カトリックの伝統によって特徴づけられるフランスのライシテにもあてはまる。

I　反教権主義の異議申し立て

ヨーロッパ起源の「宗教」という概念を、信仰と儀礼の総体による聖性の管理と定義するならば、その概念は広く適用されうるだろう。しかし、この聖性の管理が専門家に委ねられるや否や「専門家たちが批判の的になる。聖職者たちの買収、偽善、凡庸、放蕩は世界のほとんどいたるところで（現在でも）問題になっている[1]。たとえば、「中世の」中国では、「家族的孝愛である儒教道徳の礎石[2]」という名のもとに貞潔の誓いへの批判がなされた。中国、日本、ヴェトナムでは、儒教的規範が宗教的規律の範囲を超える道徳的規範を形成していた。その場合の宗教は仏教である。しかし、仏教は古代インドのバラモンを最高位とするヴァルナ制度を否定したところから始まったのであり、出発点からして「原始世俗的《プロトセキュラー》」であり、さらには反教権主義的教義とみなされうる[3]。

（1）参考文献【36】六頁。

（2）参考文献【36】所収のS. Hureau論文、一九頁。

（3）参考文献【70】所収のR. Thapar論文、八三〜一〇八頁。

反教権主義は普遍的である。というのは、聖俗の管理統制はつねに異議申し立てを引き起こすからである。先ず、聖俗の区分が（聖職者と俗人という）人間のあいだの区別によって示されるのは我慢のならないものであろう。次に、聖性との接触の管理を主張する聖職者の特殊な生活様式が問題にされる。聖職者たちは、非人間的であっても非難されるし（貞潔の誓いの「非自然的」側面）、また、あまりに人間的であっても（太った好色の聖職者）非難される。

反教権主義が政治と宗教のつながりに異議申し立てをするとき、それはライシテ化の主体となる。宗教が国家に影響を及ぼそうとする傾向や、宗教が国家の統制から逃れようとする傾向、あるいは宗教が外国の国家に仕えようとする傾向などを非難するものもある。また逆に、国家に対する宗教の順応さを告発するものもある。この反教権主義は、二つの異なる結果をもたらしうる。第一は、宗教を根絶しようとする国家の無神論。国家共産主義はその象徴的なものである。しかし、ヨーロッパにおける共産主義の崩壊と中国における毛沢東の神格化は、宗教との関係は容易に片付く問題ではないことを示している。第二は、ライシテである。そこでは、宗教は社会的集合現象として認められるが、個人的な選択と結びつけられるべきものなのである。まったく難しい緊張関係である。

II　スンナ派思想における区別

九世紀から十四世紀までのスンナ派イスラームには、宗教的なものと政治的なものの関係に三つの形態がみられる。第一の形は、政治的なものと宗教的なものを一人の人間の中に統合させようとするものである。すなわちカリフの権限は、彼が預言者ムハンマドの後継者であるという事実に由来している。しかしオスマン朝の伝統では、スルタン制——権力の宗教的源泉が相対化された世襲の君主制である——は、カリフ制を継承したことになっているが、実際に、スルタンがカリフ位を名乗ったのは、西欧の脅威に直面した十八世紀からのことである。しかし、このことは政治的なものと宗教的なものの関係が欠如していることを意味しない。すなわち、君主は国家の統一を維持し、公益を促進する権限を有するが、君主権の宗教的正当性はその保証人たるウラマーたち（宗教学者）によって与えられるからである。

第二の形は、イスラームの政治権力が非ムスリムをイスラームの支配下に服従させる代わりに、彼らに一定の自治を認めるという、ムスリムと非ムスリムのあいだの不平等な関係に基づく宗教的多元主義である。それは、オスマン朝下の「ミッレト」（宗教共同体）制がその典型である。イスラームは国家の公式の宗教であり、他の共同体——ギリシア正教、アルメニア教会、ユダヤ教、そしてカトリック、プロテスタント、その他——は、みずからの司法権や学校制度などを有する自治共同体として組織される。これらの共同体は、ムスリムと比べて租税、布教、衣服、異教徒間の結婚などの点で制限や禁止を課せられている。この制度において、宗教とエスニシティは一致する傾向にあり、人びとは時として例外があるにせよ[1]、みずからの共同体から離れることはできない。他方で、この制度は、非ムスリムに権力空間への参加を容認していた。

（1）カライ派のユダヤ人たちのセクトは、ミッレトの地位を持っていなかったが、一定の自治権を享受していた。

第三の形は、政治と宗教の関係が、間接的ではあるが実質的に対立する関係である。この対立関係は、宗教を時代状況に合わせて解釈し直す努力、すなわち「イジュティハード」の実践——これが「シャリーア」の近代化をもたらした——から生じる。宗教を時代状況に合わせて解釈し直すことは、公式には決して否定されてはいなかったが、法学者たちは実際には従来の解釈に従うだけであった。イジュティハードの実践は、ヨーロッパのイスラームの文脈の中で、こんにち再び議論されるようになっている。かつて偉大な哲学者が、理性を活用することの意味を主張していた。アラン・ド・リベラは、学者であり、裁判官（「カーディー」）であったイブン・ルシュド、すなわちアベロエス（一一二六～九八年）の思想の普遍的重要性を喚起した[1]。アベロエスは、著書『決定的論考』の中で、イスラーム法と人間の知性は決して一致することはないので、知的な営為を、宗教的教義の名において制限することはできない、ということを明らかにした。アリストテレスの著作についての注釈者（『大注解』の著書がある）である彼は、この著作がプラトン思想への予備議論でしかないことから、結局は神学のために存在する伝統とは縁を切った。キリスト教西欧の思想家たちが、哲学を学ぶことができたのはまさに彼のおかげなのである。

（1）とりわけ、参考文献【52】参照。

III　キリスト教世界の社会

ローマ皇帝たちが他の宗派を弾圧し、三位一体のキリスト教を採用したことによって、この宗教が広まった（三八〇年、テッサロニキ勅令）。そして、複雑な関係をもったキリスト教帝国を創設させた。すなわち、皇帝は、「罪人」であるとともに「教会の息子」でもある。しかし、皇帝は、また「教会統一の保証人であり、しばしば教会統一の主要な建築家[1]」でもあったからである。帝国の衰退は、国家の自然権は超自然的正義とローマ教会の権限の中に統合されると主張する「政治的アウグスティヌス主義[2]」へと至る。

（1）参考文献【23】三〇三、三〇七頁。
（2）この思想は、アウグスティヌスの著作『神の国』（四一三年～四二六年）の中で説明されている。彼によれば、現実世界である「地の国」はいずれ崩壊するものであり、永遠の「神の国」とは本質的には異なっている。「神の国」は「地の国」と重なり合って歴史を構成していて、その地上に現われている「神の国」はキリスト教信者の共同体のことであるが、それは教会と同義ではない。しかし、教会も基本的には「地の国」の政治社会の一部であり、それを通じて「神の国」に入るという意味では「地の国」に存在する教会のほかに救いはないとした。このような政治思想を政治的アウグスティヌス主義とよんでいる〔訳注〕。

クローヴィスは、アリウス派に対するローマ教会の勝利に貢献した。七五四年、教皇自身が世俗の長となることで成立した、こうした「教会国家」は一八七〇年のイタリア統一まで続くことになる。教皇グレゴリウス七世は、(封建制度に組み込まれていた)司教職の任免権を握るため君主と闘い、一〇七七年、皇帝ハインリヒ四世をカノッサで謝罪させた〔カノッサの屈辱〕。この争いは、妥協案〔司教の権限を、霊的権威と君主に誓約を求める権威に分ける〕で終止符が打たれた。しかしながら、教皇は、王を破門する権限と共に廃位させる権限をも主張した[1]。キリスト教会の東西分裂(一〇五四年)や十字軍(一〇九五〜一二七二年)は、キリスト教世界という概念に領域的意味を与えた。この概念は、みずからに敵を設定することによって確立する。すなわち、外部の敵として、サラセン人やトルコ人のムスリムを、内部の敵として、ユダヤ教徒と「異端派」が指名された。宗教は、政治イデオロギー的統一の要素であり、宗教裁判所は逸脱者たちを世俗裁判所にゆだねた。同時代にイスラームは、宗教的アイデンティティをより強めるようになった。また、背教をめぐる裁判が行なわれた。

(1) 教皇による一五七〇年のイギリス、エリザベス女王の「王位否認」宣言は、イギリス・カトリック教会を政治的裏切りであるとする非難を招いた。

ローマ教会は道徳の責任を負っていたが、その道徳を贖罪という枠組みの中で法典化した。法の再発見によって、世俗の国家の法制度と競合する制度が誕生した。たとえ教会法の創造が教会法の自治を制限するとしても、「教会法は、多くの場合、世俗の法規範と法実践から自立していた」(1)。美男王フィリップ四世および彼の法曹官僚と、教皇ボニファティウス八世との対立は、一三〇三年に頂点に達した。このことが、政治の庇護の下に半ナショナリズム的カトリック教会ともいえる、ガリカニスム〔ローマ教皇からの独立を図ったフランスのカトリック教会の神学的・政治的立場をいう〕の出現を促進させた。

(1) 参考文献【17】二〇七頁。

Ⅳ 十六世紀の断絶

ルネサンスにおいて、マキャベリは、キリスト教に対し古代の道徳とローマの宗教を復権させた。ローマ人は、市民宗教のおかげで、人びとに法にしたがう習慣を身につけさせた。マキャベリが考える宗教は、のちにルソーが「市民宗教」と呼ぶものと意味として近いのである。他方で、エラスムスと他の人文主義者たちは寛容を称賛している。

西欧のキリスト教は、教会の明確な多元性を作り出したプロテスタントの宗教改革とともに分解した。政治と宗教の関係はそこから変化した。ルターは、宗教権力の優越という考えに異議を唱えた。ルターによれば、二つの「王国」が存在する。世俗の世界を守るための「剣」の王国と「福音書」とキリスト教の自由の王国である。ルターは、キリスト教世界の問題として考えていたが、それにもかかわらず、彼は、政治的なものを利することになるライシテの推進者であった。カルヴァンは、政治権力によって三位一体という最重要の教義を認めさせ[1]、世俗裁判所における「ライックな裁判官たち」の権限を高めた。これはフランスにおいて、「ライック」という言葉が肯定的に用いられた最初の例である。

（1）以下を参照。参考文献【79】。

良心の自由は、部分的には政治によって生み出される[1]。十六世紀は、宗教戦争によって特徴づけられるが、ナントの勅令（一五九八年）に象徴される「宗教の平和」によってもまた特徴づけられる。すなわち、勅令は「国家を絶対的であると同時に、党派や地域主義の上にたつ統率者、調停者として見なしたので、国家の権威を強固にしたのである[2]」。このことは、政治党派の考察によって準備された。すなわち、ジャン・ボダンは、国王がすべての臣民の権利を保護する、見えざる主権という概念を創案した。しかし、政治と宗教が密接に重なり合っている「一つの信仰、一つの法、一人の王」という原則を理由に、勅令は一六八五年に廃棄されることになる。

（1）参考文献【35】。

（2）参考文献【19】二〇八頁。

イエズス会の創設およびトリエント公会議（一五四五〜六三年）——それは、教義の正統性の再確認と超国家的制度であるカトリック教会の中央集権化をめざしたものであった——の開会によって、カトリックの改革が行なわれた。それは、「領邦教会体制《コンフエシヨナリザシヨン》」のプロセス——つまり、一つの領域に一つの宗教が対応する——へとつながっていった。十七世紀に状況は変化した。限定的ながら、多元主義がウエストファリア条約（一六四八年）の後、ドイツから独立したオランダで確立した。すなわち、オランダは、迫害されたユダヤ教徒とプロテスタントの少数派を受け入れ、またカトリックも寛容に扱った。

近世国家は、国王が聖俗両権を神によって与えられているとする、絶対主義的王権神授説の形をとった。この思想は、ローマ教皇庁政府は認めなかったが、イギリスでは、十七世紀ジェームズ一世の登場とともに市民権を得た。(1) 彼の後継者、チャールズ一世と議会の対立は、クロムウェルによるイギリス第一革命〔ピューリタン革命〕を引き起こした。それは、国王の処刑——宗教的にも政治的にも違反——に至る（一六四九年）。また、文化的変化も生じた。その時まで、終末における「キリストの再臨」への期待は、衰退する歴史における断絶として認識されていた。しかし、ピューリタンにとって、「真の教会」は、次第に勝利に向かい、この再臨を準備し、進歩の思想が出現しつつあり、そしてこの進歩は現在の自分たちの行動にかかっているのである。「さあ、キリストの再臨のために急ごう。」この革命のあいだになされた多くの説教がこのような趣旨のものであった。また、この革命は、多数のプロテスタント教会を出現させた。それは、個人の自由意思による参加という形で組織された結社であり、封建的束縛からの解放とも関係している。この実験は、一時的な試みで終わるが（王政は一六六〇年に復活する）、のちにジョン・ロックによって理論化されることになる。

（1）参考文献【16】。

V 第一のグローバル化、第一のライシテ《ライック》に基づく国家

十六世紀から、ヨーロッパは世界征服へと出発する。そして徐々にすべての社会がヨーロッパとの関係によって決定されるようになる。キリスト教が輸出された。しかし、西欧の拡張はライシテ化を促進することになる。かくして、中国文明に夢中になったイエズス会は、中国でカトリックとの文化的同化を試みた（「典礼」問題[1]）。しかし、イエズス会のこの試みは、教皇によって禁止（一七一五年、教皇クレメンス十一世が発布した教皇憲章。一七四二年、教皇ベネディクトゥス十四世が発布した大勅書）されたが、一つの非キリスト教の文明の存在をヨーロッパに知らせることになった。啓蒙思想家たちは、キリスト教の普遍主義的主張に反対し、世俗主義的解釈によって孔子の思想を参照した。

（1）「典礼」問題とは、カトリック諸派のあいだで、中国における布教方法をめぐって起こった論争のこと。イエズス会は、

中国での布教を容易にするため典礼（孔子の崇拝、祖先の祭祀など中国の伝統的儀礼）を認めた。論争は、他派の宣教師がその非をローマ教皇に告訴したことから始まった〔訳注〕。

実験地になったのはアメリカの諸国であった。一九〇五年にブリアンがライシテの例としてアメリカの国々を引用したのは偶然ではない。アメリカ諸国では、ライシテ化の道は、紆余曲折を経た。パラグアイでは、十七世紀、イエズス会が、インディオのグアラニ族を保護するために一種のキリスト教共和国を建設した。しかし、ポルトガルとスペインは、ローマ教皇からイエズス会の禁止令（一八一四年に解かれる）を得た。ラテンアメリカにおいて確立した制度は、カトリック教会が国家に統合された国王教会保護権（パトロナート・レアル）である。すなわちローマ教皇は、高位聖職者推挙権を国王に与えたのである。この国王特権主義は、十九世紀にラテンアメリカの新国家によって要求されることになる。教皇が権限を留保したことは、のちにリベラルな政治指導者たちに保護権が袋小路にはまったと理解させ、彼らを政教分離主義――権威主義を伴ったライシテ――の方向へ導くことになる。

北アメリカでは、信仰の自由を求めて移住したプロテスタント・ピューリタンたちは、当然にも非寛容なキリスト教徒‐共同体を建設した（一六九二年の、「セーレムの魔女裁判」[1]）。しかしながら、一方ではみずからの信仰の名の下に政治と宗教のつながりに異議を唱える者もいた。クエーカー教徒のウィリアム・ペンはペンシルバニア植民地を建設し、その憲章では宗教の自由が保障された。とりわけ、バプティストの牧師であるロジャー・ウィリアムズ[2]（一六〇三～八三年）は、最初の「ライシテ《ライック》に基づく国家の下書き[3]」となるロードアイランド植民地を建設した。そこでは、聖職者への公的資金の援助なしに、教会と国家が安定的に分離された。彼は、「分離の壁」という言葉を用いて政教関係を説明した。この考えはのちにジェファーソンによって改良される。

（1）アメリカ合衆国のマサチューセッツ州セーレム村（現在のダンバース）は、厳しい禁欲を強いるピューリタン社会であった。その村で一六九二年三月一日から始まった一連の裁判を「セーレムの魔女裁判」という。二〇〇名近い村人が魔女として告発され、一九名が処刑され、一名が拷問中に圧死、五名が獄死した〔訳注〕。

（2）参考文献【39】。

（3）参考文献【49】二一三頁、および【14】参照。

ウィリアムズにとって、国家は「本質的に市民的」であり、教会は、「信徒たちの結社であり、医師会や同業者組合と同じ性質のものである」。のちにロックが同じことを述べる。信教の自由は、「異教徒」（インディオ）や無神論者をふくむ、すべての人のものである。早くも、具体的な問題が提示されている。すなわち、聖書の一節（「妻は汝の夫に従順であれ」）によって正当化されている、夫がその妻にふるう暴力という人身御供。それは、宗教的自由の利益になっているのであろうか？　議論がなされたが、その答えは否定的である。すべての人に有効な市民法は宗教的規範から区別されている。この多文化主義的社会は、ライシテの最初の形態を発明し、実験しているところなのである。

VI　世俗主義とライシテ

時として「ライシテ」という言葉は他の言語、とくに英語には翻訳できない、という主張がなされる。すでに述べたように、この言葉はギリシア語の「ラオス」や、教会ラテン語の「ライクス」（教会身分を受け入れなかった者）に由来している。英語の「レイマン」は、後者の意味に相当する。一八四二年、アカデミー・フランセーズは、「ライシスム」を、「教会を統治する権限を俗人《ライック》たちに認める教義(1)」として定義した。この定義はとくにイギリスが対象とされている。二十世紀、イギリスの歴史家たちは、国教会政府における「俗人」（国王、国王の政治顧問たちなど）の権力の拡大を意味する言葉として「レイサイゼイション（lacization）」を用いた。

（1）参考文献【31】四八頁、綴りは変化するものであるが、現在、「laïc は、聖職者でない宗教の信奉者を指し、laïque は、ライシテの原則の積極的な支持者のことをさしている」（四五頁）。

それ以降、意味論的問題がより明瞭に理解できるようになった。フランス語では、ライシテは、カトリック教が政治的役割をも内包するという文脈の中で、「すべての宗教宗派からの、宗教的性格をもつすべての道徳的信条からの独立」（ラルース、一八八八年）という意味をしだいに持つようになった。この独立を獲得するために、反教権主義的な時期が必要であった。イギリスでは、穏やかな反教権主義が、「ライシスム」すなわち国家と国教会の緊密な関係の強化を要求していた。むろん、それは、誰も分離を要求しなかった、ということを意味するわけではない。それどころか、国家と国教会の緊密な関係強化の支持者たちは、「イギリス世俗協会」を設立した。そのため彼らは「世俗主義者」と呼ばれている。(1)

(1) 参考文献【65】。

こんにち、国際文書は、「ライシテ」を「世俗主義《セキュラリズム》」と訳し、また逆に「世俗主義」を「ライシテ」と訳している。実際に、世俗国家の理論家たちは、世俗国家を定義するために三つの指標を提示している。(1) ①宗教の自由（良心の自由、宗教的目的のための結社の自由、それぞれの管理運営の自由、保健衛生・道徳・公的秩序の問題に対する国家の介入の制限）、②ライックな市民権（権利と義務はその人の帰属、宗教的信仰とは、無関係であるということ）、③分離（国家の正当性は、「世俗的源」である被支配者の同意に由来すること、国家は中立であること、ある宗教を奨励することもしないし、資金を提供することもしないということ）の三点である。国家というものは、多かれ少なかれ、「世俗的《セキュラー》」なのである。

(1) 参考文献【69】。

この「世俗主義」の概念（分離と中立性、良心の自由および市民のあいだの差別の廃止の諸原理を実際に機能させる政治的・法的・制度的規則）(1)と、宗教社会学者たちによって用いられる世俗化の概念とは区別されなければならない。後者は、社会的ダイナミズム、知識や技術の進歩、実用的合理性の優越などと結びついた社会文化的変動と関係している。つまり、社会の支配的表現と行動が、宗教に対して自律し、宗教実践の価値が低下することを意味している。しかし、信仰を持つ人と無信仰の人が共存する民主主義社会では、同じライックな法律によって支配されているため、個々人は世俗化に対し異なる関係を持つことができる。すなわち、「世俗主義」という言葉が使われたとしても、多様な語源をもつ言葉が存在する世界においては、意味論的に、世俗化とライシテ化、その結果としてのライシテの区別はより明確のように思われる。

（1）参考文献【67】【47】【51】参照。

第二章　ライシテの哲学的土台

ライシテが土台となる《ライック》社会の建設とは、信仰の多元化という文脈の中で政治が宗教から自律することなので、政治的行動の問題になる。その思想形成には、哲学者（アベロエスなど）や政治思想家（ボダンなど）、神学者（カルヴァン、とくにライシテに基づく国家の理論的な土台を築き、それを最初に実践したロジャー・ウィリアムズ）などが関わっていた。十七世紀、ライシテの土台となるような思想が多数うまれた。オランダの法学者、グロティウスは、最初の契約の存在を仮定した。すなわち、その契約によって、人間は自然状態を放棄することになる。自然権は、何よりもまず、人間の社会性に由来する。そして、「たとえ神が存在しなくとも」、その自然権には価値があるのだ。グロティウスのこうした考えは、ウェストファリア条約〔一六四八年締結された三十年戦争の講和条約〕に大きな影響を与えている。イギリスにおける政治的・宗教的諸問題の観察者であるホッブズによれば、人間は、戦争状態と相互の恐怖心から免れるために、人為的であるが制限されない権力を君主に与えた。キリスト教の分裂とその結果として生じた多様な意見は、世俗権力と宗教権力の分裂に終止符を打った。それ以降、「リヴァイアサン[1]」が、唯一の君主となる。スピノザは、「思想の自由」を称賛し、「宗教的信仰実践と敬虔さの外的形状は、平和と国家の有用性——に基づき定められる。」と主張した（一六七〇年の『神学・政治論』）。ナントの勅令の廃止に伴う迫害に直面したピエール・ベールは、宗教におけるあらゆる束縛を拒否した。彼はヨーロッパでは革新的な思想家であり、無神論が社会的紐帯の害とはならない、と主張しているのである。彼の思想は、思想的過渡期の特徴を示している。[2] すなわち、ライシテの思想の哲学的土台が体系化され、続いてそれが、政治と宗教の関係に変化をもたらすのである。[3]

（1）ホッブズの著書名。この書のなかでホッブズは、人間は本来、互いに敵対するものであり、その混乱を避けるために国家（リヴァイアサン＝旧約聖書にでてくる怪獣）に統治の全権を委任した、と述べる〔訳注〕。

（2）参考文献【15】。

（3）本書では要点のみを述べるため、重要な事例だけをとりあげた。

I　ロックの政教分離思想

ロックの業績は、思想の新しい方向性を提示した。彼の著作『寛容さに関する書簡』[1]（一六八六〜八九年）は、イギリスとロード・アイランドの経験やオランダの風土に深く影響されており、直接的成功〔名誉革命の理論的支えになったこと〕を得ただけでなく、その後も長く思想的な影響力を持ち続けた。[2] ロックは、聖書の議論と政治哲学的考察を関連づけながら、「市民政府に関わるものと宗教に属するもの」を分けることと、「前者と後者の権利を分ける正確な境界線」を示すことの「絶対的必要性」を主張した。

（1）参考文献【42】、【6】四六～六一頁。
（2）「寛容」の概念の意味は、こんにちわれわれが思っているよりもより広い意味を有している。

「制限された政府」の理論家であるロックは、国家は、「市民の利益の確立、維持、促進のためにのみ樹立される人間の社会である」と述べた。この社会の代表者たちは、社会のために、適応が制限されている「外的な力」を自由に行使できる。すなわち、もし「法が臣民の財産と健康を保護しようと努めるならば（……）、誰も、健康であろうとする、あるいは豊かになろうとする意志を妨げることはできない」。「内面的信念」に支配されている宗教領域は、その原動力にはならないし、その能力もない。

教会、それ自体は、「人間が公的に神に奉仕し、みずからの救済のために心地よく、ふさわしいと判断する神を礼拝するために、みずからの意志で結合しようとする、一つの人間社会である」。しかし、ロックは教会を、生まれながらにしてその構成員となる制度としてではなく、出入り自由な結社として考えた。それぞれが、神に対し満ち足りた気持ちで礼拝をし、救済を得るために適切な方法を考えるのである。われわれは、フランス啓蒙主義において支配的な「宗教の社会的有用性」という視点の中にいるのではなく、すでにキリスト教的組織社会という考えから抜け出しているのである。ロックは、すでに宗教は「個人の問題」であるという視点に立っている。教会の多元性を想定しているこの表現は、「教会」

を個人と単に並置させたのではなく、教会にその固有の原則を保持させたのである。すなわち「教会は、以下のような条件の下で、教会法を否定する者を追放する権利を有する――その者にいかなる市民的な損害も及ぶことがなく、その者が人間と市民のあらゆる権利を保持するという条件の下で」。

それ故に、ロックは、宗教的帰属と市民的帰属・市民たることとのあいだに必要な分離を主張した。すなわち「異教徒、マホメット教徒、ユダヤ教徒は、その宗教を理由に国家から排除されてはならない。」としたのである。カトリック教徒も、パンが「聖体の秘蹟において、キリストの体」になる（＝実体変化〔パンと葡萄酒がキリストの体と血に変わること〕）ということを信じるとか、「ローマ風に神を崇敬し」、ラテン語でミサを行なうといった、「間違ったあるいは愚かしい意見」を持つことができるのである。宗教は、禁じられていることについてと同様に、許されていることについても、普通法の中に含められなければならない。すなわち、子供を生贄にすることは市民生活において禁じられており、それ故に、宗教会議においても許されるべきでないのである。ローマ・カトリックにおいては、聖俗両権の指導者である教皇は、イギリスの王位を廃したり、「異端者に約束を守る必要はない」（これは、契約を不可能なものにする）[1]と教えたりした。そのため、人びとは、教皇という「外国の裁判権」に従属していたのである。しかし、われわれは世俗権力に対する宗教の政治的侵害を、もはや容認することはできない。

（1）一般に認められていた考え方に反し、ロックは、カトリックを宗教として理解していた。そのため、彼は、ローマ・カトリックの政治システムが、市民的・政治的生活に介入することを認めなかった。

しかしながら、ロジャー・ウィリアムズやベールと反対に、ロックは無神論を認めなかった。彼によれば、「安定した聖性なるものは『すべての人間社会』にとって必要であるのに、無神論者の約束、契約、誓いはそのようなものを形づくることができないのである」。このような主張は、これまで整合的だったロックの論理がひっくりかえってしまったことを示している。すなわち、彼によれば、社会的紐帯はもはや宗教的制度によって保障されているのではなく、さまざまな教義と典礼から切り離された神を信じることによって、保たれているのである。おそらく、ここで問題になっていることはただ単に、信用されうるためには、時の支配的精神に対する譲歩が必要だということであろう。実際に、無神論者に対していかなる制裁も予め想定されてはいない。

II　ヴォルテールの反教権主義

イギリスの自由な環境の中、スコットランド人のジェームス・ブルグのような思想家が教会と国家の分離を擁護した。ヴォルテールは、三年間のイギリス亡命生活の後、『哲学書簡』（一七三四年）を発表し、その中で二つの国を対比する議論を展開した。すなわち国王の専制下にあるフランスでは、カトリックの統一組織が圧倒的な権威をもっている。他方、議会が最高権限をもつイギリスでは、さまざまな「党派」が平穏に活動し、理神論信者も存在が許されており、「健全な哲学」——そこではヴォルテールはロックの役割を高く評価している——の進歩がみられるのである。

それから三〇年後、ヴォルテールはフランスのプロテスタントが被った抑圧に関心を持ち、宗教が関わった理由で誤って死刑を宣告されたジャン・カラスの名誉回復のために努めた。彼がロックと同様、無神論に対して反対であったことは、彼の著作『寛容論』から明らかである。すなわち「宗教なしに生きるよりも（……）、ありとあらゆる迷信によって征服されるほうがましである。」というのも、「宗教は必要である。なぜなら、法は表に現われた犯罪に目を光らせ、宗教は隠れた犯罪に目を光らせるからである」〔ヴォルテール『寛容論』中川信（訳）、現代思潮社、一九七〇年、一二七〜一二八頁〕。ボナパルトの顧問官であるポルタリス〔一七四六〜一八〇七年〕によって繰り返されたこの主張は、十九世紀を通して支配的であった。

ロックとは反対に、ヴォルテールは歴史哲学をよりどころにした。歴史哲学では、「かつてはおそらく必要であった」不寛容な勅令が、もはや必要ではなくなっている。というのも、「理性の体制（……）が、徐々にしかし確実に、人びとを啓蒙しているからである」。この理性は、「不和を抑制し、徳を強固なものにし、法への服従を好ましいこととする」。ヴォルテールは、イギリスのカトリックが享受している寛容さから着想を得て、フランスのプロテスタントのために限定的な寛容さを説き、次のように述べた。「時の熟するのを待ち、国王の慈愛と大臣たちの賢明さ、そして理性の精神に期待しよう。」

しかしながら、「寛容論」の中に、別の歴史観も見出される。すなわち、歴史を単線的な進歩とみるのでなく、西欧の歴史を一種の例外と見る歴史観である。実際に、ヴォルテールによれば、ギリシア人、ローマ人、ユダヤ人、中国人、日本人はみずからが寛容であることを示してきたのである。不寛容さはキリスト教と共に生じた。とりわけ、「下層民」、「教皇権至上主義の修道士たちの盲信」、「イエズス会修道士たち」などのカトリック信仰がそうであった。ヴォルテールは、イエズス会を批判して次のように述べている、「人が、寛容さを身に着けるためには、狂信的でないところから始めなければならないのだから、イエズス会に不寛容が出現したのは当然である。」それ故、われわれは「イエズス会士を市民にするために、イエズス会を廃止」しなければならないが、「想像上の不幸」と「現実の幸福」が問題になる。というのも、〔聖職者の〕「長い法衣《スータン》の代わりに〔俗人の〕短い服を着ることと、〔神の〕奴隷である代わりに自由の身になることのどこに不幸があるといえよう？　イエズス会を廃止するということは不幸のように思われるが、現実には、イエズス会士が自由になることは彼らにとって幸福なことである」〔前掲書、一二〇頁〕。

ロックが無制限の寛容を説かないとしても、「合理的不寛容」によって個々人を自由にすることは彼の政治哲学では考えられない。なぜなら、個々人の意志に反して、個々人を解放することはできないからである。そこで、われわれは、自由についての二つの構造的に異なる概念を見出すことができる。その後、それらは繰り返し、社会の代表に影響を与え続けることになる。

巧妙にも問題を避けたのか、あるいは実際にそのように信じていたのかわからないが、宗教と国家間のつながりは、ヴォルテールにおいては問題にされなかった。不寛容は、宗教の政治的道具化とは関係はなく、「教義」と宗教論争から生じる。「教義が少なくなれば、論争も少なくなる。そうすれば、不幸も少なくなる。」「寛大な神」を愛すべきであり、神の法に「詭弁や理解できない議論」を負わせてはならないのである。ロックとヴォルテールは、二つの異なる名簿の中に登録される。一方は、宗教と国家の分離の理論化であり、もう一方は反教権主義とガリカニスムの表明である。

Ⅲ　ルソーの市民宗教

ヴォルテールによれば、「理性は法への服従を好ましいこととした」。マンドヴィルは、個人の悪徳はおのずと公共の利益に到達する、と主張した。しかし、啓蒙主義の思想家の中には、疑問を呈したものもいる。すなわち、歴史の中で働きかける神がいなくては、それは可能にはならないのではないか。天国での報いがもはや存在しないのなら、誰が英雄になるのであろうか。ディドロのような思想家ですら、これらの危機を回避するために来世の不安の重要性を認めている。それは、経験や、個人の現世の生活の向こう側に、その思想家を考察する必要性があることを示している。

ルソーはホッブズの思想とロックの思想、つまり社会秩序と自由を両立させようとした。そこで彼は、社会関係の土台となる結社の協約を、契約する当事者間の合意の上だけでなく、「市民宗教」の上にも、基づかせたのである。この市民宗教の説明が、彼の著作『社会契約論』（一七六二年）の最終章にあたる。ルソーは、すでに一七五六年には、（ヴォルテールへの書簡で）市民宗教を次のように定義している。「それぞれの国家には一つの道徳的法典、すなわち一種の市民的信仰告白」〔「ヴォルテール氏への手紙」『ルソー全集第五巻』、白水社、一九七九年、二九頁〕が存在する。それは、「（積極的に）各人が認める義務がある社会的格率を含み、（消極的には）不信心者としてではなく、謀叛人としてははねつけなければならない狂信的な格率を含みます。だから、この法典と折り合える宗教はすべて認められるが、それと折り合いのつかないような宗教はすべて放逐されるでしょう。そして、各人がこの法典そのもの以外に少しも宗教をもたないのは自由です」。それ故に、市民宗教というのは、宗教的なやり方で課される世俗的な道徳の教義（市民的信仰）のことなのである。

この市民宗教は、古代ローマの宗教が発想のもとになっている。しかし、これはもはや特定の地域の聖なる守護神のことではない。それは政治的な関係そのものなのである。宗教性が明白な基準となっているキリスト教社会に対してわれわれは、宗教性が隠れ、社会性が表にでる超越的国家へと移行するのである。すなわち「信仰」告白は、「市民的」になったのだ。もし「社会的な道徳律」に比べて異端的であったり、無神論的になったりすると、われわれは締め出されることになる。(1) それ故に「市民的信仰の告白」

は義務であり、歴史的宗教は、任意なのである。ロックと異なり、歴史的宗教は、国家からの分離という視点では任意ではなく、反対に国家的市民的な新しい宗教（暗示的ではあるが）への統合という視点から任意なのである。一方では政府は権限を制限され、他方では国王は信仰に対して特権を持っているのである。

（1）実際、主権は「国家から、市民宗教の教義を信じない者は誰でも追放することができる」と『社会契約論』は述べている。さらに加えて、「もし、ある者が、この同じ教義を公的に認めた後に、それを信じていないようにふるまうのであれば、彼は、死刑に処せられるであろう」とも述べている。

確かに、ロックにおいては、国家は禁止する権限を持つが、その権力は制限されているので、国家は、信仰それ自体ではなく、宗教的であろうとなかろうと、公秩序に反する明確な行為に対してのみ禁止することができるのである。その他のことは、誰も国家に課せられた道徳を「認めることを義務付けられて」はいない。ロックはただ制限を定義した。より包括的なルソーの考えは、社会的信仰への同意を必要とした。

『社会契約論』の中で、ルソーは「宗教が国家の基盤の役割を果たすことなくして、決して国家が建設されたことはない」という歴史的原理を説明している。すなわち、主権はライシテ化されず、個々の市民をして、みずからの義務を愛さしめるような宗教を市民が持つことは、国家にとって必要なのである。この哲学者は、市民宗教の「教義」[1]に関するリストを作ってくれている。「つよく、かしこく、親切で、先見の明あり、めぐみ深い神の存在、死後の生、正しい者にあたえられる幸福、悪人にくわえられる刑罰、社会契約および法の神聖さ。〔ルソー『社会契約論』桑原武夫／前川貞次郎（訳）、岩波書店、一九五四年、一九二頁〕」

それ故に、神は、政治秩序の超越的な保障者として再び招き入れられ、現世における道徳の尊重は、来世における報いによって確信される。社会契約の神聖さは、政治の聖化を導く。アメリカの市民宗教は、宗教と市民社会とが和解し合い、政治的紐帯を保障する宗教(「われわれは、神を信じる」)へと向かっていくことになる。またフランスでは、市民宗教の「教義」は社会契約の一点に集められたので、市民宗教は「共和国の宗教そのもの」となるだろう。[2]

(1) これらの道徳律が「教義」になる。この用語は、フランスの啓蒙主義における「教義」を考慮しても、激しい。
(2) 参考文献【8】一三頁。

こうした「肯定的教義」に加えて、「否定的教義」、すなわち「不寛容」の否定についても言及されている。『百科全書派』とは反対に、ルソーは神学的不寛容(「教会の外に救いなし」)と市民的不寛容を区別することを拒否した。彼は次のように主張する。「われわれは、地獄に落ちるだろうと思われる人びとと平和に暮らすことは不可能である。」不寛容者は、「それ故に国家から追い出されるべきなのである」。すなわち「自由を大事にしない人たちに自由を与えるべきではない」。

ロックの分離主義的思想は、分離された二つの集団が一つの構成員であるために巧妙かつ柔軟な知的努力を想定している。すなわち、一方に、その影響力が限定的である一つの共通の政治的秩序が存在している。他方に、その影響力が自由に無制限に日常生活の諸側面に及んでいる、複数の宗教秩序が存在している。その両者が知的なアクロバット的理解によって統合されなければならないのである。国家と教会の関係は緊張関係にあり、各人はなんとかしてこの緊張を制御しなければならない。ルソーにおいては、政治は、強いられた信仰――人によって、その信仰に別の明らかに宗教的な要素が付加されたりされなかったりする――を生み出すものである。そして、その信仰は政治的秩序の「信仰表明」に順応しなくてはならないのである。宗教的意味でも、政治的意味でも英語で表現する「非国教会主義」を認めることが、非常に難しいのである。

さまざまなライシテ概念が、ロックの分離主義、ヴォルテールのガリカニスム的反教権主義理論、ルソーの市民宗教という三つの概念の差異から生じている。フランスでは、ライシテのイデオロギーは、しばしばヴォルテール的であり、ルソー的であるが、一九〇五年のライシテはロックから着想を得ている。(1) モンテスキューのような他の思想家も同様に、とくに最初のライシテ《ライック》に基づく憲法であるアメリカ合衆国憲法に対して大きな影響を与えている。

(1) 参考文献【20】三九三頁。

Ⅳ フリーメイソンの誕生

啓蒙主義の考察と議論の普及は、多くの道徳的で、博愛主義的で、教育的な「団体」によって行なわれた。

とりわけ、近代的、あるいは「思弁的」なフリーメイソン――その起源は、城塞や教会の建築者たちの「職人」と呼ばれた石工集団――は普及に大きな役割を果たした。十六世紀になると、イギリスでは、フリーメイソンのロッジ〔結社、のちに管区や支部の機能をもつ〕では、石工の仕事とは関係のない人びとをもメンバーとして入会を認めた。一七一七年、そのうちの四つのロッジが団結して「大ロッジ」を創設した。その一〇年後、アンダーソン牧師によって「大ロッジ」の「憲章」が編纂された。この憲章法は、自然宗教を土台にした宗教的多元性を受け入れている。フリーメイソン会員は、「愚かな無神論者でもないし、無宗教の自由思想家でもない」。「善良で忠実」でありさえすれば、それぞれが独自の信条をもっていてもよいのである。これでは不充分だと思ったものもいた。一七三八年、全人類の父であり、宇宙の創造主である神の存在を信じること、それ以上の信仰は要求されなくなった。

しかしながら、この理神論的特徴と、秘儀の義務はカトリック教会の反発を買い、同じ一七三八年と続く一七五一年に、ローマ教皇はフリーメイソンに加入したカトリック信徒を破門とする教書を発した。それにもかかわらず、カトリックの国々にフリーメイソンが広がるのを防ぐことができなかった。一七七三年、フランスにグラントリアン〔大東社〕が、将来のオルレアン公の庇護の下に創設された〔グラントリアンは、大ロッジのような他のフリーメイソン団体に反し、一八七七年に神（世界の偉大な構築者）を信じる義務を廃止することとなる〕。また、フリーメイソンは、十九世紀に、ラテンアメリカで多大な影響をおよぼし、フランシスコ会のフリーメイソン・メンバーは、ライシテ化の主体となるのである。しかしながら、ラテンアメリカでは、「ヴォルテール派」のブルジョワジーたちがフリーメイソンに大勢加盟してくるにつれ、カトリックのメンバーはだんだんと数が減っていく。ヴォルテール自身は、遅れてではあるが、一七七八年にフリーメイソンの会員になった。

フリーメイソンは、卸売商、企業家、小売店主や職人、自由業の人びとといった中小ブルジョワジーが啓蒙主義の文化に接する上で手助けとなった。一方で、フリーメイソンは貴族やフリードリヒ二世——ベルリンのロッジ長——のような君主たちをも惹きつけた。フリーメイソンは、多くの内部抗争や分裂を経験する過程で、知識探求の手段となった。イギリスのフリーメイソン会員チャンバーズの『百科事典』を翻訳することから始め、その後『百科全書』の刊行に着手し、主導したのはロッジ長ルブルトンであった。しかし、当時、発達しつつあった経験科学によって宇宙を理解できる法則を発見したいと考える者もいれば、多元的な神秘学それ自体の難解な思弁に向かう者もいた。フリーメイソンは、みずからの流儀で、十八世紀の経験とユートピアを表明しているのである。ロッジは時としてみずからを博愛の夢、すなわち「真の朋友」と称した。フェリーは、一八七二年、「慈愛に満ちた友愛」に入会する。平等と自由の夢。ロッジはそれを次のように表現している。「無秩序に陥らない平等と、放埒ではない自由。われわれの法にしたがうことは、われわれを自立させる。」さまざまな国で、フリーメイソン会員たちは、ライシテ化の進展に積極的な役割を果たしてきた。

V　進歩への希望

この希望は、宗教的な形をとることもある。イギリスでは、第一革命（ピューリタン革命）の失敗は、「俗界」における聖化という意味において、進歩の概念の個人主義化をもたらした。すなわち、この概念は、多数の読者を得たジョン・バンヤンの宗教書『天路歴程』（一六七八年）や、メソジストの覚醒の中に具体的に示されている。それは、多くの哲学者においては、世俗主義が強調される人間の完全性の確信に対するキリスト教的解釈に関わる問題である。この進歩は、社会的進歩をも志向していた。そのため、十七世紀の運動から派生した非順応主義やメソジスト会や敬虔な英国国教会派などを十八世紀末ころに統合した「福音主義運動」は、社会の「刷新」と、黒人売買の廃止をめざした。また、その運動は、女性の地位向上を助け、一八三〇年ごろ、アメリカにおけるプロテスタントのフェミニズムの出現を促した。こうした活動領域の中から、「宗教的な世俗化」の典型的な担い手が出現していたのである。

進歩への希望を持つもう一つの宗教的思想形態は、宗教を人間の広大な修行のプロセスとして理解するので、宗教との関係は近くもあり、遠くもあるとしている。牧師の息子であるドイツの哲学者ゴットホルト・レッシング(1)〔一七二九〜八一年〕によると、人類に対する聖書の啓示は、教育の恩恵により長く続く。

やがて人びとが、「報いがあるからという理由からではなく、それが善だからという理由で善をなす」「完全なる時代」がやってくるだろう。これは、『新約』の諸書において、人類に約束される新しい福音の時」となるであろう（『人類の教育』、一七八〇年）。この進歩への称賛は、十九世紀に、ドイツやイギリスの自由主義的プロテスタンティズムに影響を与えたので、これらの諸国では宗教と近代性のあいだの対立が抑制された。そのためカント（フランスのライックな教育哲学者に影響を与えた）やヘーゲルなどの主要な哲学者が、衝突もなく、この世俗化に貢献することになる。

（1）牧師たちの息子たち（そして娘たち）の仲介者としての役割は、いくつかの国において、世俗化がライシテよりも進むことに貢献した。

フランスで進歩への希望に信頼をよせた象徴的人物は、コンドルセである。彼は、フランス革命に直接関わった唯一の啓蒙思想の哲学者であり、革命の犠牲者となった。彼の考えはライシテ的である。すなわち、彼は、宗教と道徳を分離し、この道徳を「理性という唯一の原理」の上に打ち立てようとした。（『教育に関する意見書』、一七九二年）。この思想家においては、確立されようとしていた革命的宗教心〔本書五五頁〕とも距離をとっていた「人権宣言でさえ、いかなる市民に対しても、天の授かりものとはされなかった」。

しかしながら、『人間精神進歩の歴史』（一七九三年）の中で、限りなく進歩する未来を展望するコンドルセはみずからが「希望」（ライトモチーフとして繰り返し現われる言葉）の使者であろうとしていたのである。達成された進歩は、「専制君主と司祭」から解放された人類の「限りない完全性」、未来の進歩への担保となる。「太陽がもはや自由な人びとしか照らさなくなり、彼らの理性以外の支配者は知らないという時に至ったのだ。そして、専制君主や奴隷、司祭や彼らの愚かで偽善的な道具がもはや歴史上あるいは劇場にしか存在しなくなったという時に到達したのである。」

進歩への希望を抱くとともに、人びとは政治的共同体の解放――その形は宗教的ではあったが――をめざすようになった。「専制君主」と「司祭」の断絶は、「生まれ変わった人間[1]」へと至ることになった。十九世紀、フランスでは、フランス革命の記憶が限りなく完全な人間への希望を支えていた。この新しい社会が不完全で束の間のものであったとしても、新しい時代はすでに始まっていたのである。よって、「偉大な革命」の理想の実現に専念しなければならなかったのである。

(1) アングロ・サクソンの福音主義的信仰復興運動におけるキーワード、「再生」という語は、一七八九年から、「政治的、哲学的、身体的、道徳的プログラム」となった(参考文献【59】一二八頁)。

第三章　啓蒙専制主義、革命、ライシテ

宗教的正統性や幸福への熱望の問題と関わりをもった啓蒙主義の興奮は、さまざまな政治的な計画と合致した。哲学と権力の出会いは「啓蒙専制主義」、すなわち臣民にさまざまな改革を認めつつ、君主によって上からなされる行為を生んだ。しかし、啓蒙主義の出現は、イギリスの「名誉革命」と同時代であり、その普及は主権の代表の変化を含意する革命によって特徴づけられる。これらのさまざまな道は、ヨーロッパや北米の国々におけるライシテ化の第一段階に通じているのである。

I　「啓蒙的、専制君主制」

一七六五年、ロシアの女帝でありヴォルテールとモンテスキューを読んでいたエカチェリーナ二世は、臣民に法典を与えたいと思った。というのも、国民が君主のためにあるのではなく、「君主が国民のた

めにある」からである。このことは、「啓蒙専制主義」とは君主がみずからの権力を、ただ単に神の権利の上だけではなく、統治者と被統治者のあいだの、義務の功利的交換の上にも、基礎を置いていることを明確に意味している。進歩の支持者である彼らは、国家を理性的にしようとした。これは、啓蒙主義の哲学者と絶対君主のあいだの同盟を説明している。この同盟は、しばしば騙し合いの同盟であった。すなわち、「君主は彼の好みにあう地方を見つけるや否や哲学者のマントを脱ぎ、剣をとる」とポール・アザールは書いている。さらに、「哲学は王を利用していると思っているが、王こそが哲学を利用しているのだ[1]」とも書き添えている。

（1）参考文献【40】三二八頁以下。

啓蒙専制主義は、ライシテ化の強権的な方法を代表している。すなわち、それに関係する君主は、宗教を独自の権力ではなく、君主が支配する組織であると主張した。また彼らは宗教の多元性に対しみずからが相対的に寛容であることを示した。エカチェリーナ二世は一七七三年、「すべての宗教に対する寛容と、「ロシア正教会の」主教の、非正教会の信仰問題への干渉禁止」と名付けられた勅令を公布した。しかし、彼女はこの不干渉を実際には守らず、カトリックと東方〔ギリシア〕帰一教会〔ユニアト〕の聖職者たちにもローマ教会との関係をもつことを禁止した。他方で、彼女はユダヤ教徒にいくつかの権利を与え（一七八六年）、また「イスラーム宗教会議」を設立した（一七八八年）。プロイセンの「哲学王」、フリードリヒ二世がシュレージェン地方（一七四五年）とポーランドの一部（一七七二年）を併合した時、彼はカトリック信徒に対し、信教の自由と市民権を保障した。すでにユグノー派の亡命者たちを受け入れていたプロイセンは、宗教多元的な国家となっていた。大王は「みな同じ国の民である」と述べ、彼の臣民を統合しようとした。彼の寛容な考えは周囲に広がっていた。一七七七年、プロテスタントのプファルツがカトリックのバイエルンに併合された時、ミュンヘンは宗教的権利の行使を保障した。一七八八年、フリードリヒ＝ヴィルヘルム二世[1]は、家臣の任命において宗教は無関係とする勅令を公布した。

（1）一七四四〜九七年。政治的には首尾一貫せず、啓蒙思想を弾圧した。対仏大同盟に参加したが、バルミーの戦いで敗北し、戦線を離脱した。ポーランド分割に参加し、東方に領土を拡張した〔訳注〕。

ドイツの神聖ローマ皇帝、ヨーゼフ二世[1]の宗教政策、すなわち「ヨーゼフ主義」は、国家の反教権主義の最初の近代的な表明であった。それは、カトリック教会の国家への従属として解釈される。すなわち、（教育活動や民生事業、布教活動を行なっていた修道会を除く）観想修道会は廃止され、廃止された修道院の財産は学校や人道的施設の創設に使われた。同時に、ヨーゼフ二世は、「迷信」と戦い、カトリック教会を再編し、近代的教育を聖職者にも与えるために大学の管轄下に置かれた「一般神学校」を創設した。とりわけ、彼はカトリックの原理に終止符をうち、一七八一年、宗教寛容令によって多元性を打ち立てた。この法令により、プロテスタントや正教徒を含む公認宗教という制度が創り出され、各宗教は学校を開設する権利を与えられ、すべての就業機会においてカトリック教徒との平等性が確立された。[2] ユダヤ教徒の状況も改善した。ついに、一七八三年には、民事による結婚と離婚の確立によって、結婚がライシテ化した。

(1) マリア・テレジアの息子。典型的な啓蒙専制君主。宗教の自由を認可。農民保護政策の推進。しかし、国家権力強化策と結びついていたため、それに対する国内の不満と外交政策の失敗により、改革は瓦解した〔訳注〕。
(2) こうした法的規定は、一八一五年、ドイツ連邦全体のための公法の原則として確立することになる。

フランスでは、絶対主義はほとんど「啓蒙」的様相をみせなかった。プロテスタントへの迫害が長く続き、ジャンセニスト(ヤンセン派)[1] は不安な状態にあった。寛容令が、一七八七年にルイ十六世によって調印された。しかしながら、王は信仰の自由をまったく認めず、「カトリックではない人びと」にとって、民事婚の可能性、つまり多元性への移行に難渋するライシテ化のきざしがみえただけであった。

(1) ジャンセニスム(Jansenisme)は十七世紀以降流行し、カトリック教会によって異端とされたキリスト教思想。人間の意志の力を軽視し、腐敗した人間本性の罪深さを強調した。ネーデルラント出身の神学者コルネリウス・ヤンセン(一五八五〜一六三八年)の著作『アウグスティヌス』によって、とくに十七、十八世紀フランスの宗教、政治、社会に大きな影響を及ぼした〔訳注〕。

II イギリス革命から

哲学者たちは、「啓蒙専制君主」を礼賛しておきながら、一六八九年の名誉革命に由来するイギリスの制度に感服している。二つの重要な法が公布された。権利章典（近代的な意味での権利宣言ではない）は、権力の中心を王から議会へと移し、立憲君主制を打ち立てた。「寛容法」は、英国国教会ではないプロテスタントの教会の存在を認めた。しかし、そのメンバーは、公職を得るためには一年に一度この教会で聖餐式を行なわねばならなかった。（「一時的順応」）そしてロックの思想とは反対に、審査の誓は、これらの職務のためには、教皇（イギリスの国王をしばしば破門した）への忠誠の拒否だけでなく、実体変化の拒否の宣言も要求した。

権利章典は、「王国の安全と幸福」――ローマ・カトリックの政治的領域に帰すること――を保証するために王にプロテスタントに帰属することを課した。「教皇絶対主義」と「専制的権力」は結びついており、「宗教」、「権利」、「自由」といった言葉は互いに結合している。「逆説的にいえば、［啓蒙主義の観点からすると］一定程度の人間的自律を確認できるのは、宗教と政治が密接に結びついている、まさにこの点においてである。(1)」そのうえ、宗教を課すのは王ではない。すべての王に、ナショナル・アイデンティティの構成要素として宗教を受け入れることを要求するのは、まさに議会によって代表された国民なのである。したがって、そこでは、主権は王に課された宗教的帰属の義務によって部分的にライシテ化（別の逆説である！）されているのである。このような変化は、一七〇一年に確認されるが、それは、一七一四年スチュアート朝がハノーヴァー朝に取って代わられるという、王朝交代を引き起こすことになる。

(1) 参考文献【18】五六頁。

Ⅲ アメリカ革命へ

独立宣言の直前、ヴァージニア権利章典が公布された(一七七六年六月十二日)。これは、近代的な意味での最初の権利章典であり、他の連邦国家の州法もこれに倣って作成された。この権利章典は、次のように表明している。「すべて人は、生来等しく自由かつ独立しており、一定の権利を有している。」(第一条)、「すべての権力は、人民に帰属し、したがって人民に由来する。」(第二条、主権のライシテ化)、「すべての人は、等しくみずからの良心の命じるままにしたがい、信教の自由および権利を有する。」(第一六条)。七月四日、独立宣言は、序文の中で、人間は「奪い難い権利を創造主から与えられている」ことを明示した。神は、人間の権利の創造主としてみなされたのである。したがって、その性格は「奪い難いものであり」「神聖な」のである。しかしながら、この権利宣言は、完全な内容ではなかった。というのも、法文の原案に含まれていた奴隷売買に関する厳しい禁止規定が、最終的には取り除かれたからである。

教会と国家は、ロードアイランド州とバーモント州ではつねに分離していた。一七七六年、教会と国家の分離法は、ペンシルヴェニア、デラウェアやニュージャージーでも適用された。ノースカロライナ州とジョージア州は翌年、分離法を採択した。ヴァージニアでは、一七七九年に英国国教会を廃止し、一七八六年には以下のように宣言した。「何人も宗教儀礼に献金したり、足繁く教会に通ったりすることを強制されない（……）。すべての人は、いかなる形であれ、その人の市民的権利に影響を与えることなく、宗教的問題について、信念を表明し、議論する自由を有する。」

　モンテスキューとロックの思想的影響を受けた、一七八七年の合衆国憲法は、この例にならい、以下のように述べている。「いかなる宗教的条件も、合衆国の公的職務や任務に就任するために必要とされることはない。」宗教的帰属と市民的帰属が分離していることがわかる。神や宗教は、暗示的にも参照されていない。このことが、合衆国憲法を最初のライシテ《ライック》に基づく憲法としているのである。信条による拒否という理由で新しい国家への忠誠の宣誓を拒む人びと（クウェーカー教徒など）にとって、単純な宣言をするだけですむようになった。啓蒙主義者にとって、宗教的性格をもつ行為である宣誓は、政治制度の中では居場所がなかった。アメリカは、宣誓（すなわち、政治的関係を持つ一定の宗教的領域）を維持しつつ、信教の自由の尊重による（ライシテ的特徴をもつ）免除特権を導入したのである。この憲法は、その後、修正条項を付加することによって補完されていくことになる。修正条項の第一条は、「連邦議会が、国教の樹立を認める法をつくらないこと」（宗教の非国教化、非公式化条項）、あるいは「自由な宗教実践を禁止する法をつくらないこと」（信仰実践の自由についての条項）を規定したものである。続いて、出版、集会、請願の自由が記載された（一七九一年）。宗教を非国教化するこの条項は、連邦に適用されたので各州政府に広がっていき、マサチューセッツ州を最後にすべての州でとり入れられた（一八三三年）。一八六八年には、修正第一四項は、憲法によって連邦議会に宗教と国家の分離を課した。

国家と宗教のあいだに築かれた「分離の壁」（ジェファーソン）は、理神論のエリートと、会宗派制プロテスタント（バプティストなど）のあいだの同盟の結果である。既成観念とは反対に、分離の壁は国家に対し教会を守ることはしなかった。国教会は権利を剥奪されるかのように非国教化の歩みを経験した。しかし、憲法上の分離が早期になされ、正面衝突がなかったため、分離は独立宣言に由来する市民宗教と両立できた。これは、メイフラワー号のピルグリム・ファーザーたちによるアメリカの神話的建国を祝う「感謝祭」の創設によって表明されている。感謝祭の創設は、アメリカ文化への宗教の浸透と自発的結社の形成における宗教の役割によって説明される。(1)

（1）参考文献【74】。

イギリス領アメリカの一三植民地の北部、カトリックが支配的であった土地をイギリス人が占領した。ケベック法（一七七四年）は、国教の創設には言及せず、カトリック教徒たちに公職につくことを認めるために、（アメリカ合衆国より先に）審査の誓いを廃止した。イギリスの法は、イギリス帝国領におけるすべてのカトリックの位階制度を禁止したが、旧司教が、カトリック教会の「総監」として認められた。そのことが、彼にカトリック教会の大部分の職能を行使させた。その後、この地にやってきた他の宗教団体も、信教の自由を認められた。一七九一年の憲法はケッベクを二つに分け、プロテスタントで英語話者の地域を上カナダ、カトリックでフランス語話者の地域を下カナダとした。そして、信仰の自由が維持された。そこには「国家の宗教もないし、国家と宗教の分離もない」が、「中立という選択がある」[1]。

(1) 参考文献【57】五一頁。

Ⅳ フランス革命

人権宣言（一七八九年八月）は、多くの点でアメリカ独立宣言を参考にして作成されている。しかし、フランス人権宣言において神は諸権利の創造主としては考えられていない。すなわち国民議会は、諸権利を受けあう議長のように「(……) 至高存在の前で、またその庇護のもとに、諸権利を承認する」。多数の宗派が存在するようになったアメリカでは、いかなる教会も権利の正当な解釈者であることを主張できなくなった。フランスでは、カトリックが宗教的正当性の独占を享受しており、これらの権利が神に由来しているときは、その解釈をわがものとすることができたのである。この違いが、それぞれの国に固有の市民宗教を生じさせたのである[1]。しかし人権宣言の両義的「宗教性」はのちにフランスの市民宗教の欠くべからざる一部になるのである[2]。

(1) 一方は、宗教的信仰から切り離された神に依拠し、他方は、「共和国の価値」という世俗化された宗教に依拠している。
(2) 以下を参照、参考文献【81】。

人権宣言のいくつかの条項は、ライシテの原則を言明している。たとえば、「人は、自由、かつ、権利において平等なものとして生まれ、生存する」(第一条)、「すべての市民」は、法律の前に平等であるから、「その能力にしたがって、すべての位階、地位および公職に就くことができる」(第六条)。この条項は、一七八九年末にプロテスタントに、それからすぐに一七九一年にユダヤ教徒に適用された。第三条は、主権の淵源は本質的に国民にある、として主権をライシテ化している。[1] 第一〇条は、次のように述べる。「何人も、その意見の表明が法律によって定められた公の秩序を乱さない限り、たとえ宗教上のものであっても、その意見について不安を持たないようにされなければならない。」こんにちでは、憲法で認められている良心の自由の原則は、当時、その擁護者たちにとっては敗北に等しかった。というのも、それが認められたのは「公共の秩序」を乱さない場合に限られたからである。一七八九年の法はカトリックしか認めていなかったのである。しかしながら、一七九一年、憲法は、「各人が帰依する信仰を実践する自由」を認めた。

(1) およそ主権というものの根源は本質的に国民のうちに存する。いかなる集団も、いかなる個人も明瞭に国民から発していないような権力を行使することはできない〔訳注〕。

自由に関するこの論理は別の論理によって阻止された。すなわち政治権力は、啓蒙専制君主の流儀で宗教を近代化しようとしていたのである。まず、教会の財産は、礼拝に関わる費用の責任を国家に任せるという条件で「国家の所有」となった。すなわち、カトリック教会の権力も独立も根底から崩されたのである。次に、カトリック教会の組織は、聖職者民事基本法（一七九〇年）によって改革された。その基本的考え方は、以下のように示されている。「（……）文明化された国家を再生することを引き受けたすべての者のうち、その制度を宗教の神聖な基盤の上に作らなかった者は一人もいない。」市民宣誓が増加し、聖職者の宣誓義務化が聖職者民事基本法を拒否するカトリック教会を生みだした――そのことはカトリックとフランス革命のあいだの溝の一原因となる。ユダヤ教徒は、個人として「解放」されていても[1]、共同体的な宣誓をしなければならなくなる。革命の過激化は、制度化された宗教を根絶し、それに代えて革命的宗教へと導こうとした。すなわち、互いに交換可能な女神たち――理性・自由・祖国――、共和国に殉じた者への崇敬、ロベスピエールのいう最高存在の信仰[2]である。

（1）マイノリティに対するフランス的特徴としてしばしばいわれる二重の基準。彼らは「共同体主義」「共同体主義者」などの理由で非難されることが多い。

（2）フランス革命の絶頂期、独裁体制を確立したロベスピエールは反対者を暗殺し、恐怖政治を推進した。彼は人間の理性を絶対視し、キリスト教を迫害、カトリック教会制度を破壊した。同時に恐怖政治は美徳に基づくべきという理想を持っており、キリスト教に代わる道徳を求めて、キリスト教に代わる理性崇拝のための祭典を開く必要に迫られていた。キリスト教の神に代わるもの、それが「最高存在」である。この祭典の思想的背景としては、ルソーの「市民宗教」の主張があった［訳注］。

戸籍、民事婚と離婚（一七九二年）の創設といったライシテ化の措置も同様に講じられた。そして、教会と国家の分離が一七九五年に公布された。共和国暦三年の憲法は、次のように明言している。「何人も、みずから選んだ礼拝を行なうことを妨げられてはならない。何人も、礼拝にかかる費用を出すことを強制されない。共和国は、いかなる宗教者にも給与を支払わない。」しかし、一七九七年以降、総裁政府は、抑圧的な政策に立ち戻り、政府主導の共和国の「旬日礼拝」を組織した。ナポレオン・ボナパルトが権力を握ったとき、状況は錯綜していたようである。彼は、政教分離に終止符を打つローマ教皇との政教条約《コンコルダート》に調印する。教皇は、新たに国家から俸給を受け取る聖職者の財産売却を認めている（一八〇一〜〇二年）。国家組織法によって保護され、監視されているカトリックは、「フランス人の大多数の宗教」と規定されたが、国家の宗教に再びなることはなかった。反対に、ルター派や改革派のプロテスタント、少し遅れてユダヤ教は、その聖職者たちが政府から報酬を受けとることになる「公認宗教」となった。一八〇四年、ナポレオン戦争によってヨーロッパ各国に広められた民法典は、国家はその基礎においてライシテ的であることを示していながら、宗教については沈黙している。

V　ライシテ化の第一段階(1)

ビュイッソンと、彼の後にはデュルケームが、ライシテ化を歴史的な意味と結びつけながら考察した。

ライシテ化の諸段階という概念は、本質主義的なこのアプローチとは縁をきり、マックス・ウェーバーに由来する理念型モデルの方法を用いている。理念型の要点は、区別し、比較できる経験的な現実の諸要素を含んだ、いくつかの典型的タイプを創り上げることである。もし、誰かがあなたを認識しなければならない時には、あなたは自分を特徴づける顔立ちを描写して教えるだろう。理念型についても同様のことがいえる。その人に関する多様な情報が似顔絵に似ていたり、似ていなかったりすることがあることは覚悟のうえで、特徴的な顔立ちからその人の似顔絵が作られる。したがって、状況を見定め、隔たりを探知するための道具が必要となってくる。段階という概念は、弾力的でありつつも、それぞれの時代の型の特徴を定義する。しかし国や状況に応じて、ある段階の特徴が同じ時期に到達するものではなく、一定の可逆性も存在しうるのである。

（1）ライシテ化の諸段階については参考文献【6】一九五〜二五二頁で詳述している。

ライシテ化の第一段階は、まず、国家の全体的な枠組みが次のように定義される。国家は、もはや市民の「救済」を保障せず、もっぱら現世の利害に関心をもち、宗教的教義を押し付けることはできないとみなされている。少なくとも部分的には、主権のライシテ化と、宗教的帰属と市民的帰属の分離が行なわれた。この枠組みは、本章で描いてきたプロセスに一致する。それは、時代と場所によって多少の差異はあるにせよ、三つの特徴（それぞれの段階の違いを示している）を持つ、動態的論理を生み出した。制度化、道徳の社会化、多元性の三つである。

第一段階の第一の特徴は、制度的な断片化である。宗教はもはや公的生活のあらゆる側面に関わる意味の担い手ではなくなった[1]。宗教は、社会的活動、すなわちその社会空間が多様である制度によって管理される、固有の社会的表現になった。全体の社会空間と宗教固有の制度的空間をこのように政治的に区別することは、学校のような別の社会制度を構築させ自律化させることになった。宗教とこれらの制度の関係は、さまざまな状況の中で発展してきたので多様である。しかし、どこにおいても、これらの制度は人びとを導き、社会的行動に意味を与えることのできる非宗教的な聖職者（教師、医者など）を生み出した。

(1) 公的生活についての正確な説明は重要である。なぜなら、救済は、もはや国家の問題ではなくなったが、個人の中心的な関心事ではあるからである。

第二の特徴は、宗教が政治的な正統性を保持していることである。宗教は、相変わらず社会化の機関であり、目標としてみなされる「宗教的欲求」に応えており、つねに公的道徳の主要な源泉だからである。最後の特徴は、政治による（しばしば制限されているが）宗教的多元性の承認である。この多元性は、宗教の多元主義に一致しているが、同様に宗教への政治の関与程度が多様になったこととも関係している。ただし無宗教に対する寛容さは制限されている。なぜなら宗教は、公的道徳の源泉とみなされているからである。

第四章　ライシテと近代性の勝利

一七九四年、サン＝ジュストにとって、「幸福とはヨーロッパにおける新しい思想である」。実際に、人びとはすでに幸福について関心をもっていたが、彼は、永遠の至上の幸福を最上の目的としていたのである。ピューリタンは、幸福と、労働に由来する現世における成功とを結びつけることによって、新たな幸福感をつくりあげた。啓蒙主義は、自然に特権を与えるために、神性との調和を括弧の中に入れることによって、幸福の概念を世俗化させた。自然の神は歴史に介入しなくなったので、幸福は、人びとがみずからの手で獲得するものになった。

Ⅰ　世俗化とライシテ化

これは、認識論的な変化を意味している。科学の発展の成果をも取り込んだ哲学は、幸福への歩みを示すために神学に取って代わった。幸福と近代性は、自然法と人間の「自然権」の認識が幸福をもたらすという幸福感の考えと結びついているように思われる。一七八九年の人権宣言によれば、「人権に対する無知、忘却あるいは無視は、公共の不幸のただ一つの原因」であり、権利の表明は、「すべての人間の幸せ」に向けられなければならないのである。アメリカ独立宣言は、「生命、自由、幸福の追求」は「譲渡できない権利」であると宣言している。一七九三年のフランス憲法は以下のように明言している。「社会の目的は、全体の幸福である。政府は、人に自然権の享受を保障するために創設されたのである。」すなわち、ある場合には個人的な追求になり、またある場合には、国家の問題になる。

すでに述べたように、経験的現実に関係する二つの概念を区別しなければならない。世俗化とライシテ化である。図式的にいえば、世俗化[1]とは、科学技術と結びついた、役に立つ合理主義的価値観が増していく近代社会の中で、宗教的領域が社会的正当性を失うことを意味している。産業社会、つまり資本主義の発展は、宗教から独立した規範にしたがって機能する分野を生み出した。そして、それは少しずつ社会の別の分野に広まった。ライシテ化は、宗教を政治的に支配することと関わっているので、おのずとライシテ化と国民国家との関係がきわめて難しい問題になった。それゆえ、ライシテ化は、宗教的多元性の発展と結びついた。それは、市民権と宗教を切り離し（信仰の自由とはこの分離を含意している）、機能的に政治共同体と宗教共同体を区別させ、教育や医療のような新しい制度を法的手段によって宗教から自律させた。世俗化とライシテ化のプロセスは、必然的に結合するものであるが、政治と関わるライシテ化のほうが、世俗化よりも前面に出てくる。あるいは逆に世論にとって、ライシテ化は推進されるが、世俗化は必要性が小さくなったともいえる。

(1) 世俗主義の概念については、参考文献【6】一五九～一九四頁を参照。

一方では世俗化、ライシテ化、国民国家の形成、新しい制度による編成などが、他方では植民地の征服が、現世の幸福という目標をもっていたのだから、征服または(このような思想や制度を)輸出することが重要とみなされたのである。もちろん支配、すなわち力関係は覆い隠されている。それにもかかわらず、近代的であらねばならないということが、否が応でも地球全体に課されたのである。

II ラテンアメリカ

革命はしばしば正当に評価されないままであった。それがハイチ革命である(一七九一～一八〇四年)。しかしながら、それは、砂糖産業が世界の生産量の四分の三を占める領土に関わっていた。フランス革命の初め、自由民の中に動揺が広がった。それは、すぐに大規模な奴隷反乱へとつながり、本国における奴隷制を一時的に廃止させた。ナポレオン・ボナパルトの再征服の試みは達成されなかった。ハイチ革命は、人権の普遍的確立の限界と、まさに形成途上にあった西洋の近代性の矛盾を露呈した。一八〇四年、世界で「最初の黒人共和国」ハイチの憲法は、事実上の政教分離を打ち立てていたが、宗教には言及していない。しかしながら、一八六〇年に、ローマと政教条約が調印されることになる。

革命の教訓である、啓蒙主義の影響は、たとえ現在の歴史叙述がそれを相対化していたとしても、ラテンアメリカの独立戦争の原因となった。先ず、搾取者の白人たちに対するインディオ大衆の反発に起因する叛乱が勃発した。しかしながら、それらは、啓蒙主義と革命に呼応した民族解放闘争の様相を呈した。

独立戦争は、カトリック教会を弱体化させた。物質的被害、神学校の閉鎖、聖職者の一部のスペイン帰還などである。しかしながら、混血の進行とともに形成された風変わりなカトリックが、文化的で、本質を象徴する母胎となった。そして司祭たちは、反スペイン闘争において、指導者の役割を果たした。彼らのうちの多数が、新共和国で、人民の代表者になった。これは、啓蒙主義の思想の影響を妨げるものではない。たとえば、クルディナマルカ〔コロンビア〕の憲法（一八一一年）は、人民は「自然、理性、宗教が人びとに与えた」権利を行使しなければならないと明言している。

ライシテ化のプロセスは国によって異なり、到達する段階も多様である。はじめ、独立主義者の指導者たちは、みずからのための保護権(1)を行使することを望んだ。新しい共和制諸国およびブラジル帝国において、カトリックは、まず国教と宣言された。そして、独立に対して慎重な姿勢の教皇庁との関係を築くために外交使節が送られた。自由主義者のエリートたちが権力の座につくとともに、カトリック教会が政治的経済的権力を有することを可能にする制度を解体する試みが始まった。国家は、ナポレオン民法典と多くの点で類似した法の制定と、基本的な日常生活に関わる出来事を非宗教的に組織化すること（戸籍の創設、墓地、学校、医療施設などの多かれ少なかれライシテ化の推進）によって教会に代わってその役割を引き継いだ。「ライシテ的秩序構築の歴史は、革新的な制度を伴う、新しい制度の創設の歴史でもある。[2]」このライシテ的秩序は、ヨーロッパにおいても同様であるが、民族の形成、それ自体とも関わっている。

（1）保護権（パトロナージュ）については、本書二三頁を参照。
（2）参考文献【7】所収の E. Cárdenas Ayala 論文、三〇頁。

一般的には、カトリック教会は他のものより強い独立性を得ていることにより、民族のアイデンティティを代表し、その社会的・経済的・政治的な役割を保持しようとする。その進展の仕方は国によってさまざまである。教皇のためらいがあるにもかかわらず、保護権が行使された国もあった（ボリヴィア、ニカラグア、パラグアイ、ペルー、ヴェネズエラなど）。いくつかの政教条約《コンコルダート》が十九世紀の後半に調印された。一八六三年のエクアドルの政教条約は、カトリック教会に初等教育の独占を保証し、すべての他の宗教を禁止した。しかしながら、プロテスタントは、都市のエリートたちに広まり、信仰の自由がアルゼンチンとチリで認められた。さまざまな国において、非カトリックの団体（プロテスタント、交霊術者、神知論者など）やさまざまな千年王国主義者たちが、自由主義的政治運動に参加した。

コロンビアでは、一八五三年から一八六三年まで、反教権主義的分離法が教会の不動産所有を禁止し、聖職者に服従の誓いを強制していた。民事による結婚と離婚が定められた。しかし、内戦後、国家教権主義が一八八六年から確立された。すなわち「キリスト教的道徳に反しないすべての宗教」は認可されたが、カトリックが再び「国家の宗教」になった。他方、メキシコでは、カトリックを「メキシコ国家の宗教」であると規定し、他の宗教を禁止していた憲法の条文が一八五七年に廃止された。そして「改革法」により、政教分離が確立された（一八五九〜六一年）。カトリック教会は、私的な権利を持つ自由意志の団体になったのである。アメリカ合衆国のモデルが自由主義者たちに影響を与え、一八六二年から一八六七年のフランスの軍事的介入に対する彼らの勝利は、一八七三年の憲法に改革法を加えることを可能にした。

同時期に、自由主義者たちは、ヴェネズエラやチリなどの中央アメリカで権力をにぎった。それは、ライシテ化の改革を可能にし、いくつかの政教条約を終わらせた（ホンジュラス、ニカラグア、サンサルヴァドル、ヴェネズエラなど）。アルゼンチン、チリ、コスタリカなど他の国では、反教権主義が高まった。パラグアイでは、司教が殺害された。しかし、十九世紀から二十世紀への移行期には、反教権主義が弱まり、和解へと向かった。ブリアンによれば、それでも、一九〇五年、ラテンアメリカは最もライックな大陸であることには変わりがない。

ブラジルでは、カトリック教会は国家の宗教であったが、一八二四年憲法は信仰の自由を認めていた。しかし、帝国の末期に、二人の司教が信徒たちにフリーメイソンから脱退するよう強いた決定をコンセイユ・デタが破棄したことにより、国家と教会とのあいだで衝突が起こった。共和国宣言により、カトリック教会と国家が分離された（一八九一年）。憲法は、オーギュスト・コントの実証主義から着想を得ており、「秩序と進歩」というスローガンを採択した。

Ⅲ　ヨーロッパ

イギリスでもフランスでも、他の近代社会における状況と同様に、世俗化とライシテ化のどちらもが進行していたが、イギリスにおいては世俗化のプロセスが優先し、フランスにおいてはライシテ化のプロセスが優先した。

イギリスは、当時世界で最強の国であった。政治と宗教に関わる緊張は、正面衝突を起こすことなく存在していた。というのも、その緊張は、政治家と宗教者を貫いていたからである。社会的変革は、しばしば宗教的な文化に根差していた。牧師の息子であり、無痛分娩を考えついた医師は、創世記三章一六節(1)を、（「苦しんで」ではなく）「あなたは苦労をして子供を産む。」と翻訳することによって、天地創造の聖書の物語を再解釈した。そして、この論法で、(イギリス国教会の世俗の首長)ヴィクトリア女王を説得した。牧師たちが重要な役割を果たした、近代スポーツの創造は、徐々に世俗化する近代性を宗教的に作り変えた典型的な例である。[2] ダーウィンの発見は衝撃的であったが、神学者たちの中には、進化は人間をより優れた人間性へと導く、と主張することによって、進化論をキリスト教化する者もいた。宗教の一部が世俗化から導き出されたり、あるいは世俗化に適合したりする状況のなかで、英国国教会は、国家の宗教であることを維持していた。しかし、特権のほとんどを失い、多元主義が広まっていった。ライシテ化は急速に進んだ。こうして、非英国国教会のプロテスタントは、一八二八年に政治的権利の平等を獲得し、カトリックは一八二九年に、ユダヤ教徒は一八五八年に、無神論者は一八八六年に同様の権利を獲得した。アイルランドでは、カトリック多数派の存在と政治的緊張関係が、一八五九年のアイルランド教会の解体によって政教分離を確立させた。そして、イギリスがフランスに先んじて実行したライシテ化が離婚である。[3]

(1) さらに女にいわれた。「わたしは君の苦痛と欲求をおおいに増し加える。君は子を産むとき苦しまねばならない。そして君は夫を渇望し、しかも彼は君の支配者だ。」(『創世記』関根正雄(訳)、岩波書店、一九六七年、一五頁〔訳注〕。

(2) 参考文献【5】一一六頁以下を参照。

(3) 一八六〇年代の終わりに、離婚の法的手続きは、教会裁判所から民事裁判所へと移った。フランスでは、離婚は、一七九二年に認められたが、一八一六年に禁止され、一八八四年に再び認められた。

フランスでは、市民権と宗教的帰属の分離は革命の成果であった。政治的には宗教的多元性を推進する力が強まったが、カトリック・フランスの支持者と革命の価値を継承するフランスの支持者とのあいだの抗争は終わらなかった。こうした状況下では哲学が重要性を持っていた。第三共和政下では、唯心論、新カント派、実証主義がプロテスタント自由主義と共に、ライシテ化された公立学校（一八八二年）で教えられた「ライシテ的道徳」の基礎をつくっていた。共和国は、社会のダイナミスムの力によって獲得される世俗化に勝る反教権主義的な政策を必要としたため、ライシテ化をめぐる対立が激しくなった。十九世紀の末、ドレフュス事件が対立を悪化させ、一部のライシテ派は「完全なライシテ」を要求した。宗教修道会に対する対策が講じられ（一九〇一〜〇四年）、三万人の修道士たちが国外追放された。他方、教会と国家の分離法は、政教条約を無効にし、「公認宗教」という体制と関係を絶った（第二条）。一方で、「良心の自由を保障し」、「信仰実践の自由を保障する」（第一条）としながら、「王政的」とみなされたカトリック教会固有の組織を尊重した[1]（第四条）。

（1）ライックな道徳と、政教分離法の議論については、参考文献【4】三九〜八八頁を参照せよ。

一八五〇年代までイギリスの名門大学（オックスフォードやケンブリッジ）が英国国教会と結びついていたのに対し、一世紀前に、とくにフランス（一八〇六年）とプロイセン（一八一〇年）においては、大学は宗教から自律性を持った組織として創設された。十九世紀は、ドイツの大学で、哲学的批判と神学的批判が一緒になって威光を放つ研究が行なわれたことで特徴づけられる。政治家の庇護のもとに、神学教育は、ルター派の厳格な正統派教義から、ダーフィト・シュトラウスのようなキリストを神話として考えたヘーゲル派神学者の過激批判まで多様な研究が行なわれた（一八三五年）。これら二つの中間にあった批判歴史学派は、聖書の原典へアプローチするために非宗教的な歴史学方法を用いた。ルナンの『イエス伝』（一八六二年）は、カトリックから抜け出すことと引き換えに、この「ドイツ科学」を普及させようとする。

実際には、カトリックの教皇権至上主義《ウルトラ・モンタニスム》（あるいは非妥協主義）の台頭が、内部の緊張の源泉であるプロテスタント的多元主義に対立していた。一八三二年、グレゴリウス十六世の回勅『ミラリ・ヴォス』（一八三二年八月十五日「自由主義と宗教無差別主義について」という題名で書かれた回勅）は、ベルギーにおいて、近代的自由に基づく国家を建設するためにカトリックと自由主義者たちの同盟を可能にした宗教的自由主義を禁止した（一八三一年）。ダーウィンの『種の起源』（一八五九年）の翻訳——時として学者の激しいキリスト教批判の注釈が添付された（たとえば、フランスのクレマンス・ロワイエによる翻訳）——は対立の種をまいた。この対立は、ピウス九世の『誤謬表』（回勅『クアンタ・クラ』に付随する形で発表）発布によって一層、激化した。この誤謬表には当時の三〇項目の誤謬が明記され、（ライシテ化と結びついた）国家の宗教的中立性と近代的自由が告発されていた。教皇は、守勢に立たされていた。というのは、イタリアの統一は、当然の帰結として教皇領を消滅させたからである（一八七〇年九月）。イタリアは、宗教的共同体から法人格を取り上げたり、その財産の大部分を公有財産に移したりするといった法によって、一八六六年から一八七三年までのあいだにライシテ化された。しかし、イタリアのライシテ化は、まったく中立的でもなく完全なものでもなかった（カトリックの反対からみずからを守るために、国家は聖職者たちの活動を統制することができる法制度を整えた）。すなわち、離婚は認められず、教会組織は市町村や県州などと同等の資格をもった「公的制度」と見なされ続けていた[1]。

（1）参考文献【2】所収の F. Margiotta Broglio 論文、七九頁。

教皇〔ピウス九世〕は、イタリア政府から認められたヴァチカンの領有を拒否し、みずからを「ヴァチカンの囚人」と宣言してヴァチカンに引きこもった。教皇は公会議（第一ヴァチカン公会議）を召集し、科学を否定しているように思える教皇不可謬性を宣言したばかりであった（一八七〇年七月）。ピウス九世の後継者で、より攻撃的なレオ十三世は、フランスのカトリックに、フランス共和国を受け入れ、そこに加わるよう要求した（一八九二年）――だからといって、教皇はライックな法を受け入れるよう要求したわけではない。回勅『レールム・ノヴァールム』〔カトリック教会に社会問題に取り組むよう指示した最初の回勅〕（一八九一年）で、彼は、カトリックの反自由主義は労働者の置かれた状況や社会問題と共通する関心によって議論されるという、新しい非妥協主義を推奨した。教皇は、神学思想の領域では、トマス・アクイナスの神学の再発見を公認した。

Ⅳ　教会と学校の分離[1]

教育は、長いあいだ宗教活動の中に含まれていた。しかし、国家の介入の始まりは、ライシテ化の第一段階の枠組みの中で行なわれた。公教育省の創設（プロイセンでは十九世紀の初め、スペインでは一九〇〇年）と公立学校の発展――公立学校の管理と運営は国家によって行なわれていた――は、多少なりとも宗教的組織と対立したり、妥協したりしつつ、ライシテ化が進展したことを示している。十九世紀、初等教育のネットワークが西洋の各国で創設され、さらに植民地化や伝道活動によって、ヨーロッパ以外のさまざまな地域にも広がっていった。学校は、職業集団と規範と法的規則を備えた、真の自律した組織となった。ライシテ化の第二段階では、国家による教育の義務化と公立学校における教育内容に対する宗教の支配の終わりが一緒に実現される。すなわち、教会は多かれ少なかれ重要な学校ネットワークを保持することができるが、公務員が聖職者に代わって学校を監督するようになった。しかし公立学校における宗教教育の問題がなくなったわけではない。

一八七〇～八〇年代の転換期に、西洋における学校のライシテ化には三つの型が支配的であった。[1]最

（1）このタイトルは、参考文献【56】から借用した。

初の型では、行政権力が支配していたが、一つの宗派、ないし複数の宗派による宗教教育が残っている。スカンジナヴィア諸国、オーストリア、および妥協で終わった『文化闘争』(2)という「非常に管理されたライシテ化」（B・メリ）の国ドイツなどがこの型に属する。第二の型は、普通の宗教、すなわち市民宗教の要素である「共通キリスト教《コモン・クリスチアニティ》」を教えることによって、宗教から学校を分離させる。オランダがこの型に入る（一八〇六年と一八五七年の法）。しかし、オランダでは、この他に、任意の宗教教育を授業時間外に行なうことが許されている。アメリカでは、いかなるカテキズム(3)も広まらなかったが、聖書の抜粋の朗読が原文をそのまま読み上げる形で、広く教師によって行なわれた。イギリスでは、フォスター法（一八七〇年）により、公費による学校の『二元制』が作られた。すなわち、宗教教育が行なわれる『有志学校』（五〇パーセントが財政的に援助されている）と、共通キリスト教道徳が教えられた公立学校の二つである。第三の型は、宗教教育がもはや存在しない完全なライシテ化を確立した。すなわち、スイスのいくつかの州、アメリカの都市や特別区、オーストラリア（一八七二年）、イタリアのいくつかの市（一八七七年）、ベルギー（一八七九年）などが、フランス（一八八二年）より先に完全なライシテ化を実現した。しかし、ベルギーではカトリック政党が権力の座に返り咲いたため（一八八四年）、このライシテ化は束の間のものになった。

（1）この段落は、参考文献【25】所収のJ.-P. Martin論文、一二五〜一二九頁から着想を得た。

（2）ルドルフ・カール・ウィルヒョーによって生み出された言葉。一八七一年から一八七八年にかけてドイツ帝国宰相ビスマルクによって行なわれた、ローマ・カトリック教会の影響力を排除しようとした政策を指す。ビスマルクは社会主義勢力の台頭を抑える必要から教会勢力に譲歩し、政策は中途半端に終わった〔訳注〕。

（3）新約聖書の時代から使われているキリスト教の教理指導書。キリスト教の基礎的な知識・教理を説明した、一種の信仰指導要領〔訳注〕。

V　植民地化とライシテ《ライック》に向かう近代性

十九世紀は、植民地拡大という重要な意味をもつ時代であった（第二のグローバル化）。イスラーム世界の主要な植民地化が行なわれたのが、まさにこの時であった。近づくことが難しい地域を除き、大西洋から太平洋の島々まで、この世界は完全にヨーロッパの支配下に入った。オスマン帝国の相次ぐ敗北は、帝国を危機に陥れ、タンジマート（西欧化改革）が実施された。一八五六年から、オスマン帝国市民の完全な平等へのプロセスが始動した。近代的な学校や学院が非宗教的な土台の上で、宗教学校と競合し、宗教裁判所は権限の一部を失った。アブドゥルアズィーズの統治期間中（一八六一〜七六年）、国家機構が近代化され、国務院が設置され、議会制度が設置され、憲法が発布された。他方、チュニスのベイ〔太守〕は、一八五七年に宗教間での差別のない権利の平等、信仰の自由、区別のための衣服強制と特別の税制の廃止を宣言し、一八六一年には憲法を発布した。

これらの改革は、西欧による併合を回避するために、西欧をまねるという目的で実施された。それは、オスマン帝国のムスリム臣民とスルタン＝カリフを結びつけていた宗教的つながりを断ち切り、さらに、ヨーロッパ勢力によって支援された民族的主張を激化させた。こうした改革を行なったにもかかわらず、フランスによるチュニジア保護領の建設は防ぐことができなかった。「西欧的改革は、当時最も近代的であった勢力によって横取りされ、諸改革は主権の喪失へと導く論理となったのである。」植民地化された国は、ジレンマの中で身動きがとれなくなっていた。というのも、「近代化を拒否することはみずからに滅亡を宣告することであるし、かといってこれを受け入れることは、みずからの主権を失い、また揺籃期にある内発的で主体的な近代化が、圧倒的な力を誇る植民地権力の近代性の前に挫折しかねなかったからである」。かくして宗教的アイデンティティが、その主体性を主張する手段となった。イスラームと啓蒙主義に由来する思想との出会いは、のちに重要性が認められるイスラーム的近代性、つまり改革主義的イスラームに到達する。「神を都市の中心に位置づけることを主張することによって、またヨーロッパの政治制度や近代の政治的システムの本質を受け入れることによって、今度はムスリムたち自身が普遍主義の『文明』の波の上にみずから乗ることを益々望んだ。[1]」インドでは、ヒンドゥー教改革主義者が、似たようなことを表明した。

（1）参考文献【54】一四頁以下。

植民地化は、ライシテ化ではなく、「文明」についての世俗主義的言説の名のもとに行なわれた。カトリックとプロテスタントの宣教師たちは、しばしば植民者たちに先立って活動し、彼らの指導下に新しいキリスト教徒の自治共同体を創設することを夢見た。しかしイスラームの土地では、彼らの思う通りにはいかず、属人法規が支配的であった。東アフリカでは、植民地化を補佐したのがムスリムだった。北部ナイジェリアでは、イギリス人たちが、抵抗を打ち砕いたのち、協力者すなわち、イスラーム的諸制度に公権力の巨大な代表団が関与する「植民地のカリフ制」[1]を樹立した。フランス植民地下の地域では、ムスリムとの対立が続いた後、ムスリム共同体における秩序維持の責任者として「マラブー」〔イスラーム聖者〕に特権を与えて、彼らを交渉相手とした。イスラームは、黒アフリカでは、都市化、および鉄道と商業の発達の恩恵を受けて発展した。しかし、イスラームは、学校教育や病院経営という形で活動を展開するキリスト教の布教には太刀打ちできず、その結果キリスト教が発展した。熱心な布教活動は、西洋におけるキリスト教の社会的影響力の低下を補おうとする意図があった。しだいに、布教と植民地化の結びつきが緊密になっていった。とくにフランスの植民地がそうであった。フランスの植民地支配下では、フリーメイソンのロッジが創設されていても、「(国家の)反教権主義は輸出品ではなかった」(カトリックの宣教師たちの半分は、この国の出身者であった)。権力が聖性と不可分の社会において、行政府は、権力の官僚体制化と伝統的権力の変質の過程で、知らぬあいだにライシテ化するのである。

（1）ウスマン・ダン・フォディオが、ナイジェリア北部のハウサ人族地域に建てたイスラーム国家〔ソコト帝国：一八〇四～一九〇三年〕は、神秘主義的要素を強くもちつつも厳格なイスラームを説き、正統カリフ制を模範として、彼自身がカリフと呼ばれたことから、この国家はソコト・カリフ国ともよばれた。フラニ人が中心となったことからフラニ帝国ともよばれる。一九〇三年、イギリスはこの国を滅ぼしたが、ソコトの首長制を温存し、ソコトのスルタンを存続させる形で植民地支配を行なった〔訳注〕。

Ⅵ　ライシテ化の第二段階

ライシテ化を判断できる測定器具、つまりライシテ化の段階の概念に立ち戻ろう。まだ第二段階の論理が明らかに圧倒的な支配には達せず、また第一段階の論理が根強く残っていることを知っていながら、いくつかの国で支配的な論理になったこの第二段階をどのように定義できるだろうか。その定義のためには、近代性が確立し、ライシテ化が主張される国々において起こった論理の変化を、第二段階が有する三つの特徴点を指摘することによって検討しなければならないし、さらに、さまざまな状況の違いを比較するのに適した新しい似顔絵を作成する必要がある。

〔第二段階の第一の特徴は、制度的分離である。〕われわれは、つねに制度の断片化の中にいるのだろうか。義務教育の創設は、宗教から教育制度が自律することでもあった。すなわちこれは宗教的帰属の選択の幅を広げた。公的サービスが宗教の外で組織されるときも同様である。さまざまな宗教組織のあいだの選択の幅は広がり、社会的制裁を受けることなく、宗教に関する無関心という選択まで可能になった。

宗教は、社会的に自由選択の制度になったのである。これは社会学的には理屈にあわない。というのも、アソシエーションへの帰属は自発的であり自由であるのに対し、制度というものはその規範を押し付けようとする傾向をもっているからである。いずれにしろ、程度の違いはあるにせよ、宗教の制度的後退が起こったのである。極端な場合には、宗教は、社会的にアソシエーションのように機能することもある。

この制度的分離は、宗教が国家から分離し、宗教制度が民営化された国々において明らかになった。[1] イギリスやスコットランドのように、国家との確立した関係を保持する宗教が存続した国家についてはどうであっただろうか。そのような状況であっても、宗教は、ライックな合目的性（信教の自由、その人の帰属にかかわらず市民として平等）が社会的に正当性を持つにつれて、ますます個人の選択にゆだねられるようになった。実際、宗教は二つに分かれた。一方で、宗教は市民宗教の重要な要素、すなわち民族の象徴的アイデンティティの一部を構成している。このような構成的特徴が、ライシテ化のプロセスが完全な政教分離体制にまで到達することを妨げている。他方で、宗教は、宗教的信仰として、その信徒であることを願う者しか仲間に入れない。[2] このパラドックスの故に、イギリス国教会は「イギリス人たちは、頻繁には教会に通わないことが最善であると思いたがっている」教会のことである、との言い方が成り立つのである。

（1）フランスでは、一九〇五年の法は、宗教制度を民営化したのであり、宗教に、公共空間におけるアソシエーションの性格を与えたのである。しかしながら、カトリックは、今でも制度的（教会法）に、宗教的な制度として機能している。

（2）このような宗教の二重性格の故に、とくに問題もなく、イギリス国教会がイギリスに設立され、一方スコットランドでは、長老派教会は逆境におかれていたのに、国教会から分離独立した。

逆に、「厳格」な政教分離でさえもが、宗教の制度的側面のすべてを必ずしも消し去ったわけではない。フランスにおける政教分離の状況は複雑で、カトリック教会は公的な財産のままであり、信仰実践のために無料で自由に使えるようになっていた。さらに、これらの建築物〔教会のこと〕は、実際には地方レベルで、それどころか、名士や災害の犠牲者を宗教的に埋葬するときには国家レベルでも、ある程度のアイデンティティを表現する建物として機能しているのである。アメリカ合衆国は、教会が最も明確に、アソシエーションとして機能している国である。しかし、脱宗教化《デコンフェッシオナリゼ》され、宗教的名称も持たず、政治とつながりをもつ市民宗教は、この国にも存在している。それは、とくに危機の時代に明らかになり（たとえば、十九世紀、南北戦争中のリンカーンの演説[1]）、そしてまた相次ぐ移民の波が押し寄せる状況の中で、社会的接合剤として発展していった。第二段階の特徴である制度的分離は、決して絶対的ではではない。だからといってこれは現実ではない、ということを意味しているわけでもない。

（1）（一八六三年、ゲティスバーグの場における）彼の有名な演説を参照。「われわれは、この国家が神のもとに、自由の中で再生することを確信している。」

この第二段階の他の二つの特徴は、制度としての宗教の周縁化と関係している。第二の特徴は、宗教は、もはや社会的に客観的必要性を失い（宗教に代わって、教育や医療が社会的必要性を満たすようになった）、それらは次第に「私的な事柄」、すなわち個人の選択になっていったということである。それでは、宗教と公共の道徳との関係についてはどうだろうか。学校のライシテ化は、たとえそれがただ単に宗教的中立性に達するとしても、教会によって果たされていた道徳的社会化を任意の選択にした。カトリックのいくつかの国では、離婚の制度が創設されても、法は必ずしも宗教的道徳に一致しているわけではない。これは、道徳習慣のライシテ化のプロセスの始まりである。

第三の特徴は、多元主義――第一段階の時にそうであったように、公的にはもはや制限されていない――に関するものである。市民的帰属と宗教的帰属の分離は、いくつかの国においては十八世紀末以降に、他の国でもそれより遅れて、実現した。そこでは、実現した政教分離によって、複数の宗教が公認されている状況よりも、より完全な公然たる多元主義が表明されていた。しかし、公認ということには、さまざまな特権が含まれていたり、あるいは複数の宗教を実践したり、宗教を実践しない自由も認められていた。他方で、法的な区別の廃止は、無神論者であるということ、あるいは特定の宗教（とくに移民の宗教や新しい宗教）[1]に属しているということが、実際多かれ少なかれ社会的に不利な要素、さらには政治的な疑惑の要因にならないとは限らない、ということを意味している。

（1）たとえば、カトリックに反対する十九世紀のアメリカ（P. Hamburger, 2002, p.193-251）と、イスラームに反対する現在のヨーロッパに同じ論争を見出すことができる。

第五章　世俗化された社会とライシテ

十九世紀は、無神論の哲学的基礎が築かれた世紀であった。すなわち、フォイエルバッハ、カント、マルクス、エンゲルス、ニーチェ、さらにヘッケルなどの思想や人種主義的「ダーウィンの進化思想」である。これ以降、良心の自由が、すべての人に真に完全で平等であるために、無神論者を包含していたのは偶然ではない。無神論は、近代社会において文化的にも、政治的にも正当な地位を得たのである。

十九世紀、科学が発達した。人間社会の発展全体を説明できる科学を創造しようとする試みは、さまざまな方向に向かった。カントの実証主義は、彼の思想の信奉者の誰にも支持されなかった人類教へとたどり着いた。マルクスの唯物論は、ウェイトリングの宗教社会主義と対立し、社会経済的基礎から出発した歴史観と、歴史を変革するための実践を提唱した。パストゥールのように、科学に対する信頼と「宗教的感情」を調和させようとする者もいた。しかし宗教は、科学技術を発展させた進歩の前に消えなければならなかった古き伝統としばしば結びついているように思われる。近代社会は世俗化されたが、このことは、社会が完全にライシテを基礎とするようになることを意味するものではない。

Ⅰ　西欧の支配に対する抵抗

オスマン帝国は、近代西欧の優位によって引き起こされたジレンマを解決することができなかった。日本は、西洋列強との「不平等条約」に調印させられた（一八五八年）後、「白禍」を恐れた。明治維新（一八六八年）は、天皇に再び権力を与え、西欧の支配下に置かれることを避けるために、西欧から借りた近代化を始動させた（岩倉使節団は、アメリカとヨーロッパを周遊し、その中から「最良のもの」を取り入れようとした）。一八七一年、普仏戦争でフランスが敗北したため、日本がアジアで初めて議会と憲法を備えた国になろうとした時（一八八九年）、そのモデルはドイツになった。憲法第三条は、「天皇は、神聖にして不可侵である」と規定している。これは、ドイツ憲法の翻訳である。信仰の自由は明記されている（第二六条）。しかし、一種の天皇崇敬が謳われている（一八九〇年の教育勅語）。神仏分離令は、国家神道という、すべての宗教活動から公式に区別された市民宗教に到達した。ナショナリズムの高揚とともに、一九二〇年代の「自由主義の経験」は一掃され、天皇は、やがて「国民の道徳倫理」の中心に位置するようになる。

日本がロシアとの戦争に勝利したこと（一九〇五年）は、既に進められていた一定程度の西欧化が西欧に抵抗できる力を与えたことを示した。ケマル・アタテュルクは、その教訓から学び、彼自身は、フランス・モデル（これは国家の反教権主義であって、一九〇五年の政教分離ではない）を採用した。イスラームは、オスマン帝国の弱体化の原因とみなされた。（一九三七年に憲法の原則の中に挿入された）ライシテは、「共和国の本質そのものであり、トルコが『現代文明』の構成要素の一部となることを可能にするための基礎であり、唯一の手段である」[1]としてみなされた。一九二三年から二四年にかけて共和国が宣言され、カリフ制が廃止、ライックな教育が義務になった。一九二五年、「文明化された人間」の被り物である帽子の着用が、トルコ帽着用に取って代わった。一夫多妻制が禁止され、民事婚が義務になった。続いて、スーフィー教団が廃止され、民法がつくられ、ラテン・アルファベットが、アラビア語のアルファベットに取って代わり、イスラーム的含意のない姓をつけることが義務付けられた。女性は参政権を得て（一九三〇～三四年）、日曜日が安息日になった。トルコ国家は、アタテュルクの「六本の矢」によって定義される。つまり、トルコ国家は、「共和主義、民族主義、国民主義、国家資本主義、世俗主義《ライック》である、革命主義」の国家である。こうした強権的なライシテ化は、軍、単一政党、および西欧化したエリートたちの保護の下に実行された。

（1）参考文献【7】所収の Z. Citak-Aytürk 論文、二一四頁。

イギリスによって植民地化されたインドでは、自治、ついで独立をめざして戦っていた国民会議派は、ヒンドゥー教徒が多数派を占める諸宗教——ヒンドゥー教徒が多数派。制度化されていたわけではないが、個人生活の土台をなす——の多様性の現実とイスラームの存在とに対して、態度を決めなければならなかった。一九〇七年の国民会議派の大会で、統一と多様性という相反する主張を統合させる、と主張する「世俗主義[1]」の支持者のほうが、ヒンドゥー主義の支持者よりも優位に立った。自由思想家のイギリス人であり、神知論者、反植民地主義者であるアニー・ベサントが、一九一七年、国民会議派の長に選ばれた。しかしながら、ヒンドゥー主義の政治運動はその後も存続し、ムスリムに不信感を抱かせることになる。

(1) この言葉は、「ライシテ」に近い。本書第一章のVIを参照。

「世俗主義的《ライック》」インドの支持者たちは、ヒンドゥー教徒、ムスリム、シーク教徒の共同体間の対立を避けるために、宗教に対して中立の立場をとろうとした。彼らは決して反教権的ではなく、宗教に関係することとすべてに敬意を表わしていた。マハトマ・ガンディは、植民地闘争に、ヒンドゥー教の伝統と、ヨーロッパの社会闘争の方法（ボイコット）と、トルストイのキリスト教的精神性とが混じりあっている[1]非暴力という戦術を用いた。この非暴力主義という行動は、ヒンドゥー教と結びついた要素（たとえば不可触民）や、同様に西欧文明の価値（機械文明、社会的職業別団体、暴力の使用）を問題視した。しかし、独立に到達した時（一九四七年）、インドは、まさしくライックな国であったにもかかわらず、ムスリム国家、すなわちパキスタンとの分割を避けることはできなかった。憲法（一九七六年憲法）で定めている規定——信教の自由、宗教を実践する集団的な権利、すべての教会税と公立学校における宗教教育の禁止――は、インドが「世俗主義的共和国《セキュラー》」であることを示している。

（1）参考文献【73】は、そうした主張は、ガンディーの思想の中に、またより大きな文脈では、インドの世俗化過程の中に見出すことができる、と述べている。

ヴェトナムでは、一九四五年の独立宣言は、アメリカ独立宣言を借用している。「すべての人間は生まれながらにして平等である。（……）創造主（タオ・ホア）は、われわれに不可侵の権利を与えられた。」しかしながら、反植民地主義、続いて反帝国主義の三〇年にわたる戦闘は、ヴェトナムに、ほとんど非寛容の共産主義――とくに、西欧の利益に奉仕したとして非難されたカトリックと、いくつかのプロテスタントの諸派に対して非寛容であった――をもたらした。

Ⅱ　政治的宗教

ライシテ化は、「俗権」と「教権」という中世的な区別を棄て去った。すなわちライシテ化とともに、宗教はもはや権力に与することをめざすのではなく、その宗教に関わりのある人びとの自由な意志によって認められた権力を行使するのである。しかし、だからといって、政治権力は宗教領域のすべてを放棄しただろうか。カントロビッチ(1)によると、王の二つの身体（キリストの二つの体に類比）――自然的で死すべき身体と、精神的で永遠の身体——という中世的な考え方は、国家の近代的な（実際は、神学的政治的な）表現の象徴的基礎の中に存在している。国家的共同体的身体という法的な考え方、つまり「祖国のために」死ぬという法的義務を課すことは、神秘神学と縁を切ってはいない。カール・シュミットは、「国家についての近代的理論に含意された概念のすべては、世俗化された神学的概念なのである[2]」と述べた。われわれは、そこに悪の人類学、救済者としての権力という概念、あるいは不可分で永久の絶対的な権力としての主権の表現などを見出す。

（1）参考文献【44】（フランス語版）。
（2）参考文献【66】（フランス語版）、四六頁。

反対に、ブルーメンベルク[1]にとって、こうした「実体論的」歴史哲学は、歴史的新しさを物質のくずと見なす傾向があった。近代性が目指した合理主義の自律は、何よりもまず、近代を正統化するプロセスを危機に導くのである。さらに他の哲学者たちによれば、神学と政治は、完全に共存しえないというものではなく、この「隔たりは、宗教的であるとともにライシテ的でもあるダイナミズムの産物なのである[2]」。

（1）参考文献【11】（フランス語版）。
（2）Th. Berns, 引用論文、四九頁。

こうしたさまざまな分析から、ライシテに対する国家の両義性を見出すことができる。ライシテ化のために策を講じ、ライシテ化を推進し、市民権と宗教的帰属を分離するのは、まさに国家なのである。しかしながら、他方で、国家は、宗教を支配し、国家に正当性を与える特定の宗教に特権を与えようとする。また国家は（民主主義的国家であっても）、宗教の国家への理性的で制限された賛同に満足することなく、信仰という様式を活用しようとする傾向をもっている。

すでに市民宗教の中に現われているこの側面は、全体主義的な国家において顕著であった。二十世紀における共産主義やファシズムやナチズムといった全体主義は、「世俗宗教」（アロン、モヌロ）、あるいは「政治的宗教」（ポランニー、フェーゲリン）と名付けられた。ハンナ・アーレントは、巧みな隠喩によって、これらの言葉を拒否した。「私は『ハンマー』を靴の踵と名付けることはしない。なぜなら、私はそれを、壁に釘を打ちこむことに使うのだから」と。この警告は歓迎されたが、一方で隠喩は彼女にはね返ってきた。ほとんど歩くことに使われず、釘を打つために使われた靴は、ハンマーの代わりにならないのだろうか、と。ジャンティールは、政治的宗教を次のように定義した。「政治的宗教とは、権力の絶対的独占、イデオロギー的一元論、および共同性と法に対する個人の義務的で無条件の従属という三つの上に成り立つ政治制度を神聖化したものであり、（……）また、個人的、共同的な生活の中にほとんど浸透していかないものである。」[(1)] これは、われわれが定義したライシテとは異なる特徴を持った事例である。

（1）参考文献【34】一六頁。

このイデオロギー的一元論の中には、国家と政党（とその綱領）とのあいだの緊密な同盟、それどころか後者による前者の道具化が見出される。旧ソビエト連邦の憲法は、「信教の自由を市民に保障すること」、「教会と国家を分離し、学校と教会とを分離すること」を主張した（第一二四条）。ところが、ソビエト連邦は、まったくライシテ的ではなく、実際には、多くの宗教的要素、とくに儀礼的な要素を取り入れた、マルクス主義国家の無神論を構築したのであった。スターリン主義の粛清という儀礼が、このよい見本である。この後も、宗教政策は、抑圧的な時代と、国民統一政策のために宗教を道具化する時代（とくに戦争期）とのあいだを交互に揺れ動くことになる。

ファシズムもナチズムも、教皇庁と協定を結んだ。ラトラン協定（一九二九年）は、教皇にヴァチカンの主権を与え、教皇領の喪失に対する埋め合わせをした。「国家における公認宗教」に関する法は、他の宗教の存在も認めているが、カトリック教会が、国家の教会になったのである。「公教育の基礎であり完成でもある」カトリック教育は、ムッソリーニが政治宣伝の道具として使った古代ローマ――とくに「リクトル儀礼[1]」――を称賛する教育に統合された。体制に対し批判的なカトリック青年運動は解体された。教皇は、回勅『ノン・アビアーモ・ビソーニョ』（一九三一年）によってこれに抗議した。

（1）リクトルとは古代ローマにおいて、高官の周囲に付き従った兵士のこと。リクトル兵は、権威の標章であり、執政官の権威の象徴でもあった束桿（ファスケス、杖の一種）を捧げ持っていた。ムッソリーニはこの儀礼を復活させた〔訳注〕。

一九一四年から一八年の第一次世界大戦の後、ヴァイマール共和国憲法（一九一九年）が、国家と教会の共同事業（公教育における宗教教育、教会税、施設つき司祭など）の存在を確認していながら、教会と国家の分離を導入した。ヒトラーが政権につくと共に、ヴァチカンとのあいだに政教条約が調印された。ヴァチカンによれば、カトリック教徒を守ることが問題なのであった。ヒトラーにとって、国家社会主義は、キリスト教が異教に対してとった態度と同じ態度を、キリスト教に対してとらなければならなかった。すなわち、「守ることのできるものを守り、残りは変えよ。（……）キリスト教徒は、かつての救世主の血を祝うのではなく、われわれ人民の純粋な血を祝わねばならない」。ピオ十一世の回勅『ミット・ブレネンデル・ソルゲ（深い不安と共に）』は、第三帝国の反キリスト教的政策を非難したものである。ヒトラーは、プロテスタントを、ナチスに協力的な「ドイツ的キリスト教者」と、神学者カール・バルトが起草した『バルメン宣言』（一九三四年）によって活気づいた反ナチスの「告白教会」とに分断し、後者を弾圧した。もう一人の神学者ディートリッヒ・ボンヘェッファーはヒトラー暗殺計画に参加することになる。

Ⅲ　ライシテ化のジグザグ進行

進化論主義の考えによれば、宗教の政治的影響と社会的役割は、近代性が「前進する」（このことは必ず確認されるわけではないが）につれて、「後退する」。しかし、十九世紀のコロンビアの事例は、ライシテ化それ自体が「前進」もし得るし、「後退」もし得ることを示している。別の事例が、スペインによって示される。スペインでは、宗教はレコンキスタと反宗教改革以来、国民のアイデンティティを定義した。すなわち、カトリックは、「スペイン国民の唯一の宗教」であり、教育はその教義に合致していなければならない（一八五一年の政教条約）とされた。しかし、革命〔一八六八年九月革命〕に続いて一八六九年、信仰の自由が宣言され、ライシテ化の法的改革がなされた。ところがブルボン王政が復活（一八七五年）すると、政教条約の取り決めが再び実行に移された。その後、第二共和制の誕生（一九三一年）の余波を受けて、権力とつながった教会には、急速で包括的なライシテ化がもたらされた。すなわち、政教分離、ライックな学校、離婚制度の創設などである。しかし、また内戦時には聖職者が虐殺され、教会は焼き打ちにされた。しかし、フランコ体制の樹立（一九三九年）は、カトリックに再び「真の宗教」という地位を与えた。教育は、カトリックの教義と道徳にしたがうべきとされ、高位聖職者は、国家の政治行政の制度の一員とされ、他の宗教にはいかなる宗教活動も公的には許されなかった。こうした非ライシテ化の状況は――ヴァチカン第二公会議〔一九六二〜六五年〕以後、カトリック教会はみずから非ライシテ化と距離を取り始めるが――フランコの死（一九七五年）まで続いた。

オランダは、まったく異なる歴史をもつ。一八四八年の憲法は、「公認諸宗教」を認める形での政教分離の枠内において、諸宗教の法的平等を明言した。一八〇六年以降、学校は、宗教的に中立とされた。しかしカトリックのリベラル派とカルヴァン派の正統派は「キリスト教同盟」を結成し、国家の宗教への影響力を排除しようとしていたが、教皇権至上主義の台頭の前に方針を変えざるをえなくなった。結局、この問題は、一九一七年、国からの補助金を、公立学校と宗教学校間で平等にするということで解決されることになった。似たような発展は、ベルギーでも起こった。一八七九年、公立学校の完全なライシテ化は失敗し、一八八四年から一九一四年まで政権の座にあったカトリック政党は、特免でもって宗教授業を復活させた。「思想の自由」の上に成り立つ、ブリュッセル自由大学（ULB）は、十九世紀以降、ダイナミックなライシテ文化を発達させた。一九五八年、三つの大政党（キリスト教社会党、社会党、自由党）によって調印された教育協定は、公立と私立（公立と私立で共通の必修科目が設けられた）という二つの系列を認め、双方に国家が財政的に支援をするということにした。「宗教的でない道徳」に関する選択的教育が、公立学校の中に設けられた（一九五九年）。

この二か国において、民主化、すなわち集団的自由の獲得は、社会生活の「列柱化」、すなわち、個人を学校、病院、組合、政党、スポーツクラブ、新聞などのさまざまな活動において、宗教的、イデオロギー的に編成させた。これらの柱は、多かれ少なかれ完全で、すきがなく、均質的でありえた。宗教にとって、柱は、部分的に近代における伝統的社会の共同体的一体性を保つ手段となった。「二つのフランス」のあいだの長い対立の後、一九〇五年の法およびその後の法によって、平和を獲得したフランスは、ベルギーの制度に似た制度を非公式に認めたので、ライックな学校とカトリックの学校、ライックな青年と宗教的青年の慈善活動や運動、左派組合のCGT〔労働総同盟〕とキリスト教のCFCT〔フランスキリスト教労働者同盟〕、政治的志向の新聞と宗教的志向の新聞など、世俗と宗教の両傾向が併存することになった。こうして、カトリック、ライック、共産主義の組織がほぼ柱状に存在することになった（ただし地域的な偏りはあり、ブルターニュではカトリック、リムーザンとシャラントは反教権主義が支配的であった）。この形式的あるいは暗黙の列柱化は一九六〇年代から構造を失い始めるが、その原因はライシテ化ではなく、世俗化の進行と社会の大衆化であった。その後、二十世紀の末に、世俗的価値への幻滅、すなわち、多くの場合、世俗化がそれ程進行していない（あるいは世俗化に対し慎重な）ムスリム諸国の出身でヨーロッパに居住している移民の巨大な存在が、この確立された世俗化――しばしばライシテと一体になっている――に対抗する存在として登場してくる。

ライシテ化は、宗教の社会的活力と結合する。たとえば、ウルグアイでは、ライシテ化の措置（教育、民事的結婚、離婚、公的行為における宗教的典拠の排除など）によって教会と国家の分離に至った（一九一七年）。カトリックの活動は、保健衛生、教育、社会扶助、青年教育の分野において行なわれていた。同時に、ラテンアメリカ諸国では、非民主主義的な自由主義寡頭政治が、儀礼と市民的象徴の全体によって、国家を神聖化しようとしていた。たとえば、メキシコでは、聖人は独立闘争の英雄に置き換えられた。宗教の祭壇が、祖国の祭壇にとって代わられたのである。一九一七年の革命憲法は、反教権主義の強い思想的影響を受けていた。すなわち、教会の法的身分の不在、教会による財産所有の禁止、教会外での宗教行為の制限、聖職者が政治活動をすることの禁止などである。こうした反宗教的改革は、一九二六年から二九年、農民のカトリック反革命運動である「クリステロ戦争」（キリスト教戦争）を引き起こした。

交渉はカトリック教会組織の相対的な支持を受けつつ行なわれ、その結果、一九三〇年代以後、妥協案に帰結した。すなわち、カトリック教会は、メキシコ国家による、労働者大衆と農民の支配を受け入れ、一定の活動の自由を享受する。一九四〇年ごろ、この国は、南米大陸の南部地域の諸都市を除き、ラテンアメリカにおいて前例にない規模のライシテ的な教育政策が実施された。

第二次世界大戦の衝撃は、国際的レベルでさまざまな価値を定義する必要性に気づかせた。一九四八年の世界人権宣言は、以下のように明言している。「すべての人は、思想、良心および宗教の自由に対する権利を有している。この権利は、宗教又は信念を変更する自由並びに単独で又は他の者と共同して、公的に又は私的に、布教、行事、礼拝および儀式によって宗教又は信念を表明する自由を含む。」それはライシテの究極の目標を認めている。

敗戦国のうちで、最も大きな変化が起こったのが日本であった。すなわち、天皇は、神聖化された性格のすべてを放棄し、国民主権が宣言された。一九四六年の憲法は、「ライシテの原則の厳密な確立[1]」を含み、信仰と不信仰の自由、公立学校における宗教教育の禁止を含んでいた（第二〇条）。国家神道の消滅、宗教と国家の分離が確立され、宗教のための公的資金の支出が禁止された（第八九条）。ドイツとイタリアでは、反対に、結果的には全体主義に対して抵抗勢力の役を果たした宗教に対する警戒心よりも、教条主義的国家に対して警戒心をいだくことになった。ドイツの基本法は、次のように述べている。「宗教的、思想的信念を表明する自由は、不可侵である。」政教分離を規定したヴァイマール憲法の条文が復活したが、一九三三年の政教条約は維持された（一九五七年、憲法裁判所の判決）。イタリアでも、ラテラノ条約〔一九二九年ムッソリーニとローマ教皇庁のあいだで締結の政教条約〕が同様に維持された。憲法は以下のように宣言している。「国家とカトリック教会は、互いに独立し、主権を有している。」キリスト教民主党が、三十年間支配的地位にあった。宗教の自由を認めた第二ヴァチカン公会議（一九六二〜六五年）が、状況を変えた。一九七二年と一九七八年、離婚の権利と妊娠中絶禁止の緩和が、国民投票によって採択された。新しい政教条約が一九八四年に調印され、次のように規定された。すなわち、その「原則」が、「イタリア国民の歴史的遺産」の一部をなしていたとしても、カトリック教会は、もはや国家の教会ではない。さらに一九八九年、イタリアの憲法裁判所がライシテの原則の優越性を宣言した。

（1）参考文献【46】一八頁。

フランスでは、ライシテが憲法に採り入れられたとき（一九四六年）、キリスト教民主主義者たちがレジスタンス運動の過程で結党したMRP（人民共和運動）は、左派と連立内閣を組んだ。一九五八年憲法においても、共和国はライックであることを再確認している。しかしながら、アルザス＝モーゼル地方——一九一九年にフランス領に復帰していた——は、公認宗教のシステムと学校での宗教教育を保持していた。他方で、ドゥブレ法（一九五九年）は、国との契約のもとに私立学校に多額の公的財政支援を認めた。その代わりに、私立学校は、彼ら固有の性質（大抵の場合、宗教的な性質）をまもりながらも、ライックな公教育と同じプログラムを採用しなければならなかった。イギリスでは、ウェールズ地方において政教分離が実施された（一九二〇年）。そして一九四四年、イングランドの教会が学校の大部分を国家にゆだねたので、学校での非宗教教育が義務づけられた。同様に、それまで政治、宗教、民族的宗教が同じリズムで「歩んできた」スカンジナヴィア諸国[1]は、既にかなり世俗化していた社会の宗教的多元化のプロセスに着手した。それから、スウェーデンが、そして二十一世紀初めにノルウェーが政教分離を決定した。

（1）たとえば、スウェーデンでは、ウプサラのルター派の大監督、N・ソデルブロムが、社会主義政党と良好な関係にあった。

「冷戦」は重要な役割を果たした。中国では、（迷信といわれた）大衆宗教に対する闘争がすでに一九一二年に建国宣言された中華民国によって始められていたが、一九四九年に成立した共産党体制下では、共産党員の特定の宗教への帰属が禁止され、寺院は破壊されるか国有化され、宗教は厳格に管理されるか弾圧され、宗教指導者たちは給与生活者となるか国外追放になった。文化大革命のとき（一九六六～七六年）、すべての宗教活動が禁止されたが、共産主義の「宗教的様相」は、「毛沢東という個人崇拝が前例のない程強い悪魔信仰的、メシア崇拝的な意味（階級闘争は明らかに悪魔祓として描写されていた）[1]」を持つに至った。

（1）参考文献【7】所収のV. Goossaert論文、五四頁。

アメリカの市民宗教は、多くの移民を統合するための象徴的な役割と社会的機能に加えて、共産主義に対する戦いという枠の中で奨励された。公式のマルクス主義的無神論に対し、アイゼンハウワー大統領は、アメリカの政治は、「重要性はないが、宗教的な一つの信仰の上に成り立って」いると明言した。さらに「神のもとに」というリンカーンの表現は、大統領の就任宣誓文に取り入れられた（一九五四年）。さらに「われらは神を信じる」という文句は、銀行紙幣に印字されている（一九五五年）が、このことに対しては、この印字を神の冒涜とみなすキリスト教徒たちが反対した。しかし、市民宗教と信者の宗教との関係はあいまいである。すなわち、アイゼンハウアーは、大統領になったとき、洗礼を受けておらず、またリンカーン――偉大な司祭たちとは別の意味で司祭ともいうべき人――も、おそらく一度も洗礼を受けていなかった。もし、厳密な意味において、政治的宗教が問題にならないのであれば、内容においてキリスト教から派生した、この世俗的宗教性は、古代ローマにおける宗教と同等のものとしてみなされた[1]。この宗教性は、反共産主義を訴えていたにもかかわらず、進歩主義的側面を持った。それは、マーティン・ルーサー・キングによる「アフリカ系アメリカ人」の市民権のための闘いの中に示されている。

（1）参考文献【12】。

カナダでは、ライシテ化は、「静か」に進行し、三つの特徴を含んでいた。第一に、中立と協力という二重の原則。すなわち、憲法は、いかなる教会をも保護しなかったし、国家は教会にいかなる財政的支援も与えなかった。他方でさまざまな社会の分野では、国家の協力があった（洗礼、宗教結婚、および葬儀のときの市民登録簿の管理。教育、慈善および医療分野における権限委託）。離婚は一九六五年から認められていたが、民事結婚は一九六九年にならないと創設されず、学校のライシテ化は、民族、言語、宗教間の妥協を得るために、ケベックでは二〇〇〇年まで実施されなかった（完了したのは二〇〇八年）。第二に、信条と信仰の自由が保証された。第三に法が制定され、それは次のように適用されることになった。すなわち、個々人は、いくつかの政治的決定から生じた自由の制限から保護されており、また彼らの教会によるおどし(1)から保護されている。

（1）参考文献【57】一一〇頁。

二十世紀の第三の四半世紀、アラブ諸国では二つのイデオロギーがしのぎを削っていた。すなわち、ナセルによる大アラブ国家構想と、サウディアラビアによるムスリム統一構想である。またライシテを主張する政治勢力は三つ存在していた。すなわち、共産主義政党、シリアやイラクの政権党であるバース党、そしてチュニジアのブルギバのネオ・ドゥストゥール党である。しかしアラブ・ナショナリズムへの失望、パレスティナ問題解決の暗い展望、そしてイラン革命などが一九七〇年代末に状況を変えることになる。

Ⅳ　習俗のライシテ

ライシテ化は、評価基準の違いによって評価の仕方も変わってくる。たとえば、アイルランドは十九世紀以降、政教分離の体制の下にあったが、独立後、憲法を「神聖不可侵の三位一体」[1]の影響のもとに制定した（一九三七年）。そして、政教条約や教会のための補助金がなくても、カトリックは学校制度の重要な役割を支配し、習俗を監督していた。この後者に関して、他の国と同様にアイルランドでも、習俗におけるライシテ化は長いあいだ進まなかった。

（1）P・ブルナン（参考文献【13】一〇七頁）は、アイルランドにおける一九二二年の状況を、「脱ライシテ化」と呼んでいる。

われわれは既に、とくにカトリック文化の国[1]において、対立の原因である離婚の容認について言及した。離婚制度は、いくつかの国（スペイン、イタリアなど）では、ヴァチカン第二公会議の後になって初めて、確立した。二十世紀の後半には、これに避妊と中絶の問題が加わった。イギリス王国の諸国とスカンジナヴィア諸国では、このような問題での対立はほとんど起こらなかった（今でもそうである）。というのも、大部分の教会が避妊を受け入れたからである[2]（英国国教会は、一九三〇年）。同様に、一九六七年のイギリスにおける中絶の合法化は、カンタベリーの英国国教会の大司教の同意を得て行なわれた。彼は、キリスト教が民法に勝る道徳的理想を提唱することになったとしても、「より小さい悪」が問題になっているだけである、と明言した。

（1）一般的に離婚と道徳倫理については、その国の支配的な宗教に応じて分けて考えなければならない。というのも、道徳的位置づけは、宗教に応じて異なるからである。

（2）避妊の合法化の主張を告発されたA・ブッサン（一八四七〜一九三三年、イギリスの有名な女性社会主義者）は、一八七八年に無罪になった。

フランスは、政教分離にもかかわらず、ぎくしゃくした歩みをたどってきた。一九六〇年代の初め、避妊手段を用いるフランス人は、イギリスでその道具を調達しなければならなかった。第一次世界大戦の「人的損失」後、宗教的理由に加えて、強い出産奨励の理由が加わった。しかし、十九世紀の初め以来、避妊方法としては、「自然的」手段（膣外射精）や人工的な産児制限法が用いられていて、宗教的規制への配慮は薄れていった。リュシアン・ニュヴィルトは、カトリック教会によって定められた規範を「取り下げること」を提案し、回勅『フマーネ・ヴィタエ』（一九六八年）が避妊と妊娠中絶を繰り返し非難し始める直前に、中絶を認める法を可決させた（一九六七年）。一九七五年、活発な議論の後、妊娠中絶は、それを「殺人」と考える医師の良心的忌避を認めるという付帯条項付で合法化された。

このようなライシテ化を進める法の制定は、もちろん至る所で、宗教的規範が、市民的法のレベルではもはや認められなくなったことを意味しているが、それだけではなく、習俗に関する振舞いが、公的権力ではなく個人の良心の管轄にあることを、国家が認めたことをも意味している。それ故に、「普通の市民《ラオス》」（とくに女性たち）の自律と自由と平等の確立(1)が、また宗教および国家について、自治と自由と平等の構築(2)が重要な問題になっているのである。習俗のライシテ化は、宗教のライシテ化と類似性を有している。すなわち、義務によって結ばれた制度的関係を、主体的な個人間の自由な結社関係に置き換えたのである。しかし、市民宗教の問題が生じた時と同様に、公共道徳の問題は、さらに複雑になった。宗教の権威に従うことで得られる「重苦しい」確実性と人間の自由な意志に任せることで生まれる

「無秩序な」アノミーとのあいだで、社会をどのように構築すべきなのか？

（1）実際には、家族内での役割分担（家族は、聖職者たちに過度に言いなりになることなく、宗教儀礼を利用するために、宗教に対して近い関係をもったり、距離をとったりすることを得策と考えていた）でしかなかったのに、女性たちが、「聖職者への服従」だと非難されたように、ライシテ化は女性たちにとってほとんど味方にはならなかった。むろん、一九一三年、ウルグアイにおける女性側からの一方的意志による離婚の合法化など、いくつかの例外もある。反対に、フランスは、女性的「従順さ」との信念から、一八四八年から一九四四年まで女性を「普通」選挙から排除した。そして、長いあいだ、ライックな社会性は、本質的に男性のものであった。

（2）（フランスの一九〇五年法のような）自由な政教分離法が施行された時ですら、同様であった。すなわち、教会は、すべての司教区裁判資格を失い、国家は教会への監督権を先験的に放棄した。つまり、宗教は「私的な問題」、個人の選択となった。そのことは、個人の自由の拡大でもあった。

第六章　ライシテの地政学

ライシテの地政学は、それぞれの社会生活を支配している「イデオロギー的構造」に関係している。すなわち、それは、信仰、儀礼、宗教的なものの「専門的な活動」が、政治といかなる位置関係にあるかということである。社会政治学的空間が、「みずからの規範を至るところに押しつけようとする人びとの考え方の支配」下におかれているとき、ライシテ化は、いかにして宗教の支配から離れ、ライックな「新しい支配」へと移るのか、そのプロセスを示してくれる。このライックな「新しい支配」は、自由と法の前の平等を尊重する「合法的国家」を建設することによって、「多様性」を可能にする。(1)

(1) 参考文献【32】八〜一三頁。

しかし、そのようなプロセスがうまくいかないときもある。「ファシズム、共産主義」（世俗的宗教）、あるいは、宗教家の政治的主張への「回帰」が示しているように、「（ライシテ化の）軌道は逆向になったり」、あるいは大陸漂移のように軌道を外れたりすることもありうるからである。ライシテの「満ち干」に関する地政学的研究は、ライシテ化と世俗化のあいだの区別と相互作用を考慮する必要があるし、(1) そのためにも、両者の関係を正しく分析することによって、市民的政治的共同体の変化と社会的ダイナミズムの結果とを混同しないようにしなければならない。こんにち、多くの社会が多元文化的になったので、世俗化とは異なる社会関係を重視するライシテの原則（中立、政教分離、信教の自由、非差別）の適用を考えなければならなくなった。それだけに一層、こうしたライシテ化と世俗化のあいだの区別が重要になった。

（1）ライシテ化と世俗化の定義については、本書二五頁以下および、五九頁以下を参照。

I　ライシテの地政学的変化

こんにち、ライシテの退潮現象が——ある地域では実際に、またある地域ではうわべだけ——起こっているが、その原因は、ライシテ化の歴史的プロセスの構造的欠陥の中にある。思いもよらないことが、ブーメランのように返ってくる。実際、四つの要素が現在の退潮現象を招く決定的なものとなっている。

先ず、「脱植民地化」と、より広い意味では、もはや従属国の地位を望まなくなった国々の、西欧支配からの脱却である。ライック、かつ（あるいは）世俗的な、植民地支配国は、長いあいだ、宗教ミッションが「文明化の恩恵」をもたらす状態を黙認していたし、あるいは、恩顧主義という帝国的政策を実施していた。フランスは、その典型である。すなわち、仏領赤道アフリカでは、二十世紀初頭、二つの公立学校と、三三のカトリック学校が存在していた。レバノンの宗派主義《コンフェシヨナリスム》もまた、フランスの恩顧主義の結果である。さらに、一九〇五年の政教分離法は、（少なくともイスラームには）アルジェリアでも、その他の植民地の大部分でも適用されなかった。その他の事例としては、シャー統治下のイランでは、強権的なライシテ化の改革がアメリカの支配――それはモサデグの改革を失敗させることになる――と歩調を合わせて進められた。しかし、これは、「西欧的文化変容として理解されたが（……）他方で、政治構造は前近代的、非常にヒエラルカルであり、大衆の政治参加を排除していた」[1]。結局、この西欧的文化変容は、一九七八年のイスラーム革命によって否定された。

（1）参考文献【80】所収の A. K. Thiebaut 論文、八五頁参照。

第二に、国家共産主義は、民主主義的なライシテを許容しない専制的、全体主義的ライシテ化という別の形態を採用した。宗教に疑念を抱いているマルクス主義の体制は、宗教を厳格に管理することによってその宗教を政治的に道具化しようとしたり、宗教を弾圧したり、また「神のいない」状態を創り、「無神論国家」を建国しようとしたのである。ライシテは、こうした公式の無神論と混同されてきた。また強力な共産党が存在している民主主義国家においては、ライシテ派の活動家たちは、宗教的自由への攻撃は反ライックな行為だと考えることもせずに、「聖職者による打撃」をしばしば告発してきた。逆に、さまざまな場所における、全体主義的共産主義に対する抵抗は、宗教的色合いを帯びていた。たとえば、毛沢東を「ダルマの破壊者」としてみなした、ダライ・ラマによる政治の仏教的解釈。ポーランドにおける独立労働組合(「連帯」、一九八〇年)の出現における、カトリックの役割。ベルリンの壁の崩壊(一九八九年)とその結果は、「神聖さの復活」をもたらした(M・シュタインベルク、C・ワーナー、二〇〇八年)。ライシテ派の活動家にとって、これはライシテの退潮——社会学者にとっては、宗教現象に、正当性や異議申し立てといった政治的活動領域を再び与えることになる政治的な教権至上主義の消滅——であったが、(いずれは)おそらく民主主義的なライシテの到来ということになるだろう。

第三に、ライシテは国民国家の発展と関わり、また国民国家の、あらゆる宗教的保護からの解放とも関わっていた。しかし、その国民国家は、みずからが「ラオス」(宗教から自立した存在)であることを主張したとしても、ラオスではなかったし、また、ライシテは、理性とさまざまな考え方が対決し合う自由な議論の場を必要としているのである。したがって、ライシテは、政治的民主主義とともに開花し、市民社会とともに発展してきた。そうした市民社会には、さまざまなアソシエーション、企業、メディア、政党、労働組合だけでなく、宗教的団体も正当な国家に敬意を示すことで自由に発展することができた。こうして、以前は「市民社会」と「宗教社会」が対立する傾向にあったのに対し、宗教は、この市民社会と利害関係を共有するようになった。宗教は、絶対者の仲介者であることを望みながら、市民社会の上にせり出すことをあきらめることはできるのだろうか。ライシテは、宗教がイデオロギー的に優位な地位を占めないように注意しながら、ライシテ的自由の一部をなす宗教の自由をも保障するという骨の折れる職務をこなしている。しかし、メディアとインターネットによって情報が即時に地球全体に広がるこんにち、つねに超国家的な性格を有している宗教がその姿を拡大させているというのに、ライシテは国民の枠に留まることによって、みずからの役割を果たすことができるのだろうか。ライシテの究極目的（信条の自由と非差別）は国際的協約になっているのに、必ずしも尊重されてはいない。

最後に、とくにフランスでは、ライシテは、明らかに社会的連帯という考えに関係している。つまり、最近の数十年間のあいだに実現した福祉国家の解体が、社会福祉の市場を、宗教団体（この分野において絶えず活動的である）にしばしば請け負わせようとする。その結果、宗教団体は、部分的に、「信仰だけではなく、感謝する受益者の忠誠心によっても支えられている、もう一つの福祉国家[1]」となったのである。エリック・ファサンは、つい最近、G・W・ブッシュのアメリカやN・サルコジのフランスにおいて機能していた論理と似たような論理が、福祉国家がまったく不在のハマス支配下のパレスチナにおいて、機能していることを明らかにした。ファサンによれば、「ネオリベラルな統治は、『ホモ・エコノミクス』[2]を作っただけでなく、（同じ方法で）近代性の特徴として、『ホモ・レリギオス』（宗教人）をもつくった」。というのも、ホモ・レリギオスの特徴は、「その人のライックな同時代人と同じように、近代的自我意識に影響を受けている[3]」からである。新しい社会経済的政策の検討は、ライシテ問題に無関心ではないのである。

（1）参考文献【28】。

（2）経済人。経済活動において、利己的で自己利益のみに従って行動する完全に合理的な存在〔訳注〕。
（3）参考文献【10】所収のE. Fassin論文、一三五頁。しかしながら、二〇〇二年のFaith-based and community initiatives（信仰に基づく、またコミュニティによるイニシアティブ）プログラムが、挫折したことを記しておく。このプログラムは、社会的な部門で活動していた宗教団体に、通常、社会サービス目的に確保されていたアメリカ連邦政府の資金を支払うというものであった。上院は、これに反対した。

他方で、二十世紀末以来、一般的な対立指標として、東西対立に代えて、宗教を、現代的な対立の主要な要素とする傾向がみられる。ところで、当然にも、いくつかの紛争が宗教的様相を帯びるとしても、それが紛争の唯一の原因では決してない。諸問題を、ライシテの視角から見るならば、ここで重視されているのは、この宗教的変数であるが、しかし、この変数は、つねに、ほかの変数と相互関係にあるのである。[1] このような状況において、ライシテが重要な問題となっている地域を調べてみよう。

（1）参考文献【21】を参照。

II　北アメリカ

二〇〇五年、国家の宗教的中立が同性間の結婚を認めることに至ったカナダでは、多文化主義が一九七〇年代から、公の政策になっている。[1] 多文化主義の採用は、「特定の個人、共同体、あるいは利益団体による独占の危険があること」を認めつつ、「相対的に調和のとれた」民族的、文化的、宗教的多様性を主張した[2]。良識的な妥協 l'accommodement raisonnable（AR）[3]についての司法の判断は、文化的観点からは公的領域が決して中立ではない、という確認に基づいている。いくつかの事例では、国家、公的機関あるいは企業は、少数派に属する人びとに対する不平等を考慮して、一律に適用される規則を修正したり、適合させたりすることが義務付けられた[4]。要求は、良識あるものであり、公的秩序の枠内にあり、また、憲章（憲法）によって権利と自由を保障された他者の権利を侵害せず、過度の代償を伴うものであってならないとされた。しかしながら、二〇〇六年以降、ケベックで活発になっていた議論は静まらなかった。何が「妥協」されなければならないのか？　いかにして「良識的であること」とその限界を定義するのか[5]？　こうした問いに加えて、良識的な妥協はつねに個人の同意によるものであるが、普通の市民《ラオス》、一人ひとりの要求の背後に、グループの代表であると自認する聖職者たちの集団の要求が隠れているという事実も指摘しておく必要がある。二〇一四年初め、ケベック党が「ライシテ憲章」を議会に提案したが、否決されたことから、この論争はあらたな展開をみせるようになった。反対者によれば、この憲章には、「シビック・ナショナリズム」[6]から「エスニックな性格のナショナリズム」への移行の意図が隠されているという。

（1）多文化主義に関しては以下を参照のこと。参考文献【37】（多文化主義と統合の関連性について否定的見解）および参考文献【48】（多文化主義と統合の関連性について肯定的見解）。

(2) 以下を参照。参考文献【60】二六三〜二八〇頁。
(3) カナダのケベック州で奨励されるようになったインター・カルチュラリズムは、この良識的な妥協という理念のもとに「統合モデル」と「多元モデル」の調和をめざすものである。Cf・ルネ・レモン『政教分離を問いなおす』工藤庸子/伊達聖伸(訳)、工藤「訳者あとがき」二九二〜二九五頁〔訳注〕。
(4) AR(良識的な妥協)は同様にアメリカにも存在している。比較のために以下を参照。参考文献【2】所収の M. Milot の論文、一〇九〜一一三頁。
(5) 以下を参照、参考文献【3】。
(6) 言語・宗教・慣習などエスニックな文化(共通の「ルーツ」)に基づくアイデンティティ(エスニック・ナショナリズム)から離れ、自由・平等・共和制といった理念にまで抽象化されたシビック(公民的)文化(「法」)を土台としたアイデンティティを強調するナショナリズム論である。とくにカナダやアメリカ合衆国で主張されている〔訳注〕。

ヨーロッパでは、アメリカ社会における宗教の可視性とライシテの欠如とを混同する議論がしばしば聞かれる。しかしながら、アメリカのライシテは、エリザベス・ゾラーが指摘しているように「フランスのライシテよりもより厳しいもの」とみなされている。[1] 市民宗教を含むライシテが問題であるならば、このことは、間違ってはいない。一九四七年から、アメリカ世俗主義の最も厳格な番人は最高裁判所の裁判官たちである。教会と国家のあいだの「分離の壁」というジェファーソンの言葉から着想を得ていた彼らは、宗教学校に公的な財政支援を行なうこと(もし親が自分の子供を私立学校に入れようとすれば、その親は「学校小切手」〔州などから支給される教育助成金〕を受け取る)[2]、および公立学校における礼拝や宗教的祭礼などをつねに認めなかった。教育の宗教的中立性は表現の自由よりも重要であり、学校における宗教は研究対象であって、規範的な教育科目ではないのである。裁判官たちは、公的空間における宗教的象徴の存在もまた禁止した。[3] すなわち、宗教的モニュメント、クレシュ（キリスト生誕の情景模型）、モーゼの十戒の板なども、政教分離を定めた憲法修正第一条に違反する可能性があるとされた。同様にして、国家が宗教を助けること、政治的、社会的討論において、特定の宗教の代表者たちを特権的対話者とすること、宗教的建築物をその代表者たちの管理に任せることなどが禁止された。

（1）参考文献【78】七頁。
（2）もしフランスと比較するとしたら、公的資金が学校ではなく個人に助成されたという事実は、一九五一年のバランジェ法――その後一九五九年のドゥブレ法でその原則は崩れてしまうが――に似ている。
（3）もちろん、ここでは個人の自由の一部をなす衣服の着用は問題とされてはいるのではなく、公共空間において、集団として宗教を象徴するものが問題にされている。それは、一九〇五年法でも同様である。つまり、フランスでこんにち、提案されているいくつかの法案はこれに反している。

最高裁判所の判断には、国家の法が政教分離の原則を尊重するために必要な相互に関係しあう三つの基準が示されている。第一に、純粋に「世俗的」な目的をもつこと。第二に、宗教を奨励もしないし、妨げもしないこと。第三に、国家を宗教の中に密接に絡ませないこと（「錯綜させないこと」）。最後の点についての解釈は、ここ数年、やや柔軟になってきている。

しかし、アメリカのライシテは、「親《しん》‐聖職者」な性格を帯びており、分離主義者と反分離主義者のあいだで終わりのない論争点となっている。[1] 宗教右派は、「文明の衝突」の脅威にさらされている現代において、アメリカに公式のキリスト教的アイデンティティを与えようとしている。彼らは、こんにち、共産主義に代えて、イスラーム主義のテロリストの脅威を叫ぶことで、市民宗教の側についている。そうすることで彼らは、非常に宗教的に多様な国民に一体感を与え、それを強化しようとしているのである。アメリカ合衆国において、「神の下に」と表現しつつ、国旗と共和国への忠誠の誓いを行なうことを止めないのは、このような意味においてなのである。前大統領ブッシュJr.の市民宗教との関係は、論争の的となった。すなわち、ある人びとにとって、ブッシュは、福音主義的ファンダメンタリストと結びつくことによって、[2]特定の信仰の押し付け（創造論的攻撃）へと逸脱していた。セバスティアン・ファスによれば、新保守主義者〔ネオ・コン〕たちによって、市民宗教はアメリカ自身がメシアであると自認することを目指す政治的宗教となったのであり、それは市民宗教の世俗化が起こったことを意味している。[3]現大統領バラク・オバマは、市民宗教を、進歩主義的理想（白人の恐怖と有色人種の恨みを乗り越えること）と、「信仰と友好的な世俗主義」（ドニス・ラコルヌの表現）へと方向を変えたのである。

（1）参考文献【49】二二七頁。
（2）同時に、原理主義プロテスタントのメディアでの可視化も議論の対象となっている。すなわち、それは、アメリカ社会にのしかかる耐え難い重荷なのか？　あるいは世俗化し続ける社会に直面して、攻撃的であるが、防衛的でもある態度なのか？
（3）参考文献【30】。

Ⅲ　南アメリカ

　ラテン・アメリカの民主主義は、長いあいだ、不完全であり、冷戦がその実現を困難なものにしていた。しかし、寡頭政治の自由主義モデルと国家の反教権主義の政治的失敗の結果、いくつかの国家は、コーポラティズムやポピュリズムの色合いをもつカトリック・ナショナリズムを発展させることによって、ナショナル・アイデンティティを再構築する方向に進んだ。こうして、カトリック教会は、その大衆動員力によって、政治的重要性を保持してきたし、あるいは取り戻した（キリスト教民主主義を唱える諸政党、労働組合、その他の政治団体）。カトリックの影響力は、一つの方向だけに及んだのではない。すなわち、一九六〇年代から「解放の神学」が、キリスト教信仰と、権威主義体制や資本主義的多国籍企業に対する戦いとを結び付けようとした。コロンビアの司祭、カミロ・トーレスは、ゲリラ戦でのさ中、戦死した。一九七〇年代、カトリック教会は積極的に独裁体制と協力したり（アルゼンチン、ウルグアイ）、他の独裁体制（ブラジル、チリ）[1]においては、それに抵抗したりする役割を担った。こんにち、メキシコが二〇一二年、憲法でライシテを明記したが、米州機構加盟の三五か国のうち、七か国が憲法にカトリック教会の規定を残している。

(1) それにもかかわらず、一九七四年ピノチェト将軍が権力の座に就いたとき、サンティアゴの大聖堂では「テ・デウム」(神を讃える聖歌の一つ)が歌われた。ペンテコステ派教会の主要な教会でも同様の歌が歌われた。

しかし、二十世紀の半ば、ラテン・アメリカのプロテスタント人口は一パーセントに満たなかったのに、ペンテコステ派の発展にともない、状況は変化してきた。宗教的多様化は、「都市への巨大な人口移動とアイデンティティ再構築を促すアノミー的現象の拡大」によって一層促進された。極端な社会的不平等は、「下級の社会層の人びとから政治への主体的な参加意志を奪い」、彼らを、組織と宗教表明の本来のあり方を探求する道へと向かわせた。(1) マルクス主義の衰退、ヴァチカンの復権、および過度のエリート主義的行動による、解放の神学の失敗も、この変化に与って力があった。この宗教的多元化は、国家の非宗教性という思想と良心の自由に関するリベラルな法の採択へと結びついた(チリ、コロンビア、ペルー、ヴェネズエラなど)。しかしながら、福音主義の政党が組織され、また福音主義者の中には、宗教的恩顧主義のおかげで、政府の重要な職務に就く者もいた。ブラジルでは、一九八八年憲法で、国家と教会の分離と、宗教への補助金の禁止を定めたが、ルラ大統領はカトリック教会と政教条約《コンコルダート》を結び、また異なる政党に属する福音主義派議員が一緒になって「伝統主義的価値」を守るために、「福音主義議会戦線」を結成した。このような結合は、別の組織形態ではあるが、他のラテン・アメリカ諸国にもみられる。

(1) 参考文献【1】一五四頁。

それ故に習俗のライシテ化は困難に直面しているのである。キューバ、ギアナ、ウルグアイ、メキシコ連邦区（メキシコ人口の五分一）のような諸国は妊娠中絶を合法化している。コロンビアの例のように、いくつかの国では、レイプ、あるいは近親相姦にあった場合、また母体の安全の危険性、および胎児が奇形で生まれる可能性がある場合に限り、中絶が許可された。しかし、そのような場合でさえ、カトリックのヒエラルカルな組織は、医者に妊娠中絶の手術を施さないよう圧力をかけた。アルゼンチンは同性結婚を認めた（二〇一〇年）。しかし、こんにち、ラテン・アメリカ諸国において、習俗の自由は、「ライックな自由」のための闘いの、最も重要な課題になっている。(1)

（1）以下を参照。参考文献【24】。

ブランカルトにとって、(1) ラテン・アメリカにおけるライックな国家は三つの危機に直面している。すなわち、「第一は、正当性がないところに政治権力の正当性を求めようとすること。第二は、正当性がないところに正当性を求めるために、宗教的祈願に頼ろうとすること。第三は、市民社会が、みずからの努力を、国民の代表者たちに対する監視ではなく、教会や宗教集団に反対することに向けていること」。

（1）前出参考文献、二五五頁。

Ⅳ　北アフリカと中東

イラン・イスラーム革命の後、サッダーム・フセインはアラブ・ナショナリズムの松明に再び火をともした。そして、その「ライックな」[1]独裁権力はアヤトッラーのイランと対決した（一九八〇〜八八年）。フセインは、イランとの戦争の勝利者ではなかったけれども、その後、クウェートに侵攻した。このことが湾岸戦争を引き起こした（一九九一年）。アメリカや西欧が、この侵攻と併合に不安感を抱くアラブ石油王国〔イスラームの聖地メッカのあるサウジアラビア〕に支援軍を派遣し救いの手を差し延べたのに、一部のムスリムたちは、この湾岸戦争をイスラームに対する攻撃として理解した。[2]

（1）フセインの政策は、イラクの多数派であるシーア派住民にとって、明らかに宗教的自由の否定であったにもかかわらず、西洋の多くの解説者たちは、それを「ライックな政策」と表現した。

（2）このように解釈された背景として、サウジアラビア政府が、異教徒の軍隊を、メッカとメディナのあるイスラームの聖地に駐屯を認めたこと、その軍隊によってイスラーム教徒のイラク人を攻撃したことなどに対する反感があった〔訳注〕。

このような状況は、アルジェリアでの国政選挙の第一回投票で、イスラーム救済戦線（ＦＩＳ）の勝利に有利に働いた（一九九二年）。軍による選挙の停止は、[1]一〇年以上にわたる内戦を引き起こし、他方で、イスラエル首相、イツハク・ラビンは、ユダヤ人過激派に暗殺され、オスロ和平プロセスは頓挫した。

アメリカの実業界との取引により莫大な利益をあげていたウサーマ・ビン・ラーディンは、テロを組織した。というのもサウジアラビアを巨大なモスクと考える彼の世界観によれば、アメリカ軍がペルシャ湾岸に空軍基地を配置することは、聖なる領地の強奪だとみなされたからである。[2] この大富豪は、マルクス主義が、もはや異議申し立ての正統なる力をもたなくなった時、「アメリカ帝国主義」を告発した。ターリバーン支配下のアフガニスタンに避難したビン・ラーディン（一九五七～二〇一一年）とアル・カーイダは、二〇〇一年九月十一日、同時多発テロ――「ハイテクによるテロでもあるし、神秘主義的テロでもあった」――を成功させた。[3]

（1）この選挙停止は、いくつかの民主派勢力によって支持された。
（2）ワッハーブ派イスラーム教徒によって共有されている概念。それが、この国の宗教的自由の欠如の原因ともなっている。
（3）参考文献【50】六頁。

この攻撃はアフガニスタンへのアメリカ軍の軍事介入を招いた。その上、第二次湾岸戦争とアメリカ軍によるバグダード占領は、西欧に対する恨みを増し、スンナ派と、イラクの多数派になっていたシーア派とのあいだの緊張を高めた。非常に権威主義的体制のイラン――正式には「イラン・イスラーム共和国」――では、シーア派思想がますます道具化されているようである。宗教的義務（ベールなど）の強制は、二つの異議申し立てに遭遇した。第一は、イスラームについてフェミニスト的解釈をし、当局が「シャリーア」[1]に基づき下した決定を議論しようとする女性たちからの異議申し立てである。第二は、知識人とモダニスト聖職者たちからの異議申し立てである。彼らは、宗教を政治目的や経済目的に利用することを批判し、政治と宗教のあいだの一定の分離を主張する。抑圧されながらも、一つの改革主義的潮流が発展しつつあるのである。

（1）「イスラーム的フェミニスト」の潮流は、西洋社会のように、ムスリム文化とは異なった国々に広がっている。二つの組織が発展した。「ムサーワー（アラビア語で、平等）」は、二〇〇九年、クアラルンプールで、世界会議を組織し、またシャリーア法による裁判において、ムスリム女性が受ける差別と闘うことをめざしている。「宗教性と平等における女性のイスラーム的イニシアティブ（WISE）」は、イスラーム社会における女性の状況や、コーランや他の宗教書、法学書のフェミニスト的解釈による読み直しに関するムスリム知識人の著作を広めている。こうした潮流は、「ジェンダー・ジハード」（性の平等のためのジハード）とも呼ばれることがある。

トルコのライシテは、宗教に対する国家統制を残したまま、宗教を国家から自律させた。すなわち、首相府内に創設された宗務局が世界各地に住むトルコ人社会に対しても積極的な働きをしている。二十世紀の後半、トルコでは、極端に反民主主義的とはいえない軍事クーデタが繰り返された。反共産主義の潮流が宗教を復活させた。かくして、イスラームの宗教教育が学校に再導入された。二〇〇二年、イスラーム的民主主義政党である、公正発展党AKPが政権の座についた。はじめのうちは、「AKPは、民主化やヨーロッパとの関係において、誤りなく政治運営を進めていた」、とピエール＝ジャン・ルイザールは述べている。[1] しかし、ケマリスト政党〔CHP（共和人民党）〕は、「自由を抑圧する法」[2]が廃止されかねない、としてAKP政権に反対した。[3] 軍の政治的力は後退した。AKPが与党となっている市町村では、この党は、アルコールや公的空間での男女混在の禁止の試みを非難されている。しかしながら、二〇〇七年、とくに二〇一一年の選挙の勝利、および経済的成功により力を得たエルドアン首相は、党内から批判を浴びながらも、またギュレン教団〔宗教的市民社会運動組織〕を弾圧しながら、権威主義的国家を復活させ、大規模なデモ参加者を弾圧した（二〇一三年六月）。かくして、アラブ・イスラーム世界の模範たらんとするトルコは、不確かな未来へと歩み始めている。

（1）参考文献【55】二六二頁。
（2）二〇〇八年改訂前のトルコ刑法三〇一条は、トルコ民族やトルコ国家、トルコ人性、軍隊などを侮辱する発言や行動を、処罰の対象としていた〔訳注〕。
（3）参考文献【68】。

民主主義を要求する、さまざまな規模の民衆的異議申し立て運動が、チュニジアにおける革命の勃発（二〇一〇年十二月）を先駆けとしてアラブ諸国で広がった。すなわち、「アラブの春」である。これまで権威主義体制によって抑圧されてきたムスリム同胞団系の政党が、チュニジアでもエジプトでも選挙で勝利した。チュニジアでは、同胞団系政党ナフダが他の政党と連立内閣を組織したが、サラフィスト勢力の活動や経済の不振によって不安定であった。こうして、連立内閣は、チュニジア国家は「市民的性格」である、と宣言した新憲法の採択〔二〇一四年一月〕後、自主的に総辞職した。第六条は、それまでアラブ・イスラーム諸国の法規範では認められたことのなかった「良心（ダミール）の自由」と、「背教」の自由を保証する規定である。チュニジア憲法におけるこの妥協は、おそらく将来の道を切り拓くだろう。エジプトにおいては、二〇一二年六月、初めての自由な選挙で五二パーセントの票を得て共和国大統領に選出されたムルシーは、権威主義的政策を非難され、一年後、権力を取り戻した軍によって権力の座を追われた。ある人によれば、この挫折はエジプト国民に政治的イスラームに対する免疫を作ったとされ、また別の人によれば、この挫折は民主主義の大失敗であるとされる。他方で政治的イスラームではない、スーフィー教団が復活しつつある。シリアでは、二〇一一年、バッシャール・アサドに対し大衆の暴動が勃発した。暴動は、非常に厳しい弾圧を受け、内戦へと発展した。内戦には、イスラーム急進派の戦闘員が介入し、他方、湾岸君主諸国の支持を得たスンナ派政権ができることを恐れたイランは体制に支援を送った。リビアでは、独裁者カダフィー体制の崩壊は国家の崩壊を招き、それを利用して多くのテロリスト集団が跋扈している。このように、北アフリカと中東では、今まさに激変が起こっているのであり、イスラームに対するアイデンティティも多様化の要求がなされている。ライシテ化の本来の過程が求められている。もちろん、この過程は、落ち着くまで長い時間がかかるだろう。

V　サブサハラのアフリカ

独立後のアフリカのほとんどの国家が、憲法上の規定では、ライシテ政策を採用した。[1] しかし、社会生活における精神構造は世俗化されていなかったので、[2] 民族的・政治的紛争は宗教的様相をおび（たとえば中央アフリカ）、また同性愛的行動は厳しく処罰された。旧英領諸国家の憲法は、国家が世俗的であることを公に宣言した。東部アフリカおよび南部アフリカの諸国がこのような事例であり、たとえばタンザニアでは、憲法により、国家が宗教的活動と宗教的問題に関与しないことが定められている（第一九条）。ケニア、ナミビア、ザンビア、ジンバブエにおいても同様である。南アフリカ共和国では、オランダ改革派教会がアパルト・ヘイトに宗教的正当性を与え、一方、英国国教会主教デスモンド・ツツのような聖職者たちがそれに反対したため、国家は、宗教を権力から等距離に置き、自由な宗教実践を保障した。公式には世俗国家のナイジェリアでは、一九九九年に北部一二州でシャリーアが導入されたため、紛争と女性に対する暴力行為が激しくなった。そして、二〇〇〇年代に入ると、ナイジェリア北部で、イスラーム過激派のボコ・ハラムという集団がテロ行為を始めた。スーダンでは、イスラームは公式の特権を有していた。すなわち、義務としての喜捨（ザカート）の合法化、公衆衛生に関する規則（ワクフ）など。また憲法が定める経済原則はコーランに基づいている。しかし、二〇一一年、住民の多数派がアニミズム的キリスト教を信仰する、新しい国家、南スーダンが誕生した。

（1）参考文献【61】所収のD. Bournaud論文、および【41】。

（2）世俗主義（セキュラリズム）と世俗化（セキュラリザション）という言葉の近接性と、これら二つのどちらの概念にも関係がある世俗化（セキュラー）という形容詞の両義性の難点は、ここではとくに明白である。

旧フランス領のアフリカ諸国は、イスラームを国教と定めるモーリタニアを除き、「ライック」で、民主的、社会的な共和国」というフランス憲法の表現をそのまま用いることによって、ライシテを公式に規定した。このことは、同様にイスラームが支配的なサーヘル諸国（マリ、セネガル、ブルキナファソ）にもあてはまる。しかし、広大なサーヘル地域では、アル・カーイダとの関係を強めているイスラーム過激派――マリへのフランス軍の攻撃（二〇一三年）以来、散り散りになった――が活動している。コンゴ共和国（ブラザヴィル）の憲法は、以下のように明確に述べている。「国家のライシテは、いかなる修正の対象にもならない。」宗教に基づく差別を明確に禁止した国家もある。宗教的な政党や反ライシテ的プロパガンダを禁止した国もある（ベナン、チャド）。教育の自由はどこの国でも認められている。法的状況は、アンゴラやモザンビーク、エチオピアなどの他の国家でも類似している。

こうした原則にもかかわらず、アフリカ社会は強い宗教的影響を受け、それは時には憲法の中に反映されている。たとえば、「神よ、われわれの国民を守りたまえ」（南アフリカ共和国）、「神と、祖霊と、国家の前で、そしてベナン国民の前で」（ベナン）など。他方で、政治エリートの多くが、キリスト教ミッションによって教育を受け、一部のエリートたちが、ムスリムか、フリーメイソンの結社の出身であったことも、注目しなくてはならない。アフリカ人における「寛容」の概念、漠然とした宗教性のお陰で、公共空間において宗教的帰属を自由に表明できる意義は大きい。このことの意味は、「虹」の国家[1]（モーリシャスや南アフリカ）やカメルーンのような複雑な宗教的、民族的均衡の上に成り立つ国家において、とりわけ大きい。

（1）英国国教会主教デスモンド・ツツが、アパルトヘイトや人種対立を越えた理想的な諸民族の共存社会を建設することをめざして目標として用いた表現〔訳注〕。

保健衛生や教育の分野における国家の無能力、国家が共同体的意識を抱かせる強い力を持っていないこと、恩顧主義と政治的権威主義の発達などもまた、宗教が公的に重要な役割を果たす理由である。すでに植民地期から多数、組織されていたアフリカ独立教会（欧米系ミッションから独立して形成された多数のアフリカ系教会の総称。旧ベルギー領コンゴのキンバングー教会やコートジヴォワールのハリスト教会など）の数が増加した。こんにち、アフリカでは、「フランス医師団」のような非宗教的なNGOと並んで、宗教的性格をもつNGOの活動がめだつ。前者、つまり「フランス医師団」[1]は、十九世紀の宣教師たちのように、（現在の場合は、医業の）制度的な欠陥[2]を、アソシエーションの活動によって償おうとした。民主化「移行」への試みにおいて、市民社会の代表として重要な役割を果たしたのは、大抵はキリスト教の当局者たちであった。セネガルは、マラブー的スーフィー教団が植民地時代から力をもっていた。しかしながら、そのことは、大統領サンゴールが、教団の意向に沿わない家族法を採用する上で妨げにはならなかった。アブドゥライ・ワッドが大統領に就任すると、ライシテの規定を廃止する憲法改正案（二〇〇四年）がもちあがった。しかし、それは激しい反対にあい、二日後、廃案にされた。結局、アフリカの諸国は、ラテン・アメリカ諸国よりもより一層、法的にはライックな国家であるが、社会的には宗教的である、といえる。重要な問題の一つは、「ライシテのアフリカ」（バマコ、二〇一〇年一月）の国際シンポジウムで確認されたように、市民社会をいかに構築するかである。

（1）一九六八年のビアフラ戦争での死傷者救済に人道的立場から立ち上がったフランスの医師たちで、彼らにより一九七一年「国境なき医師団」が組織された〔訳注〕。
（2）医者は、宗教的使命と医療的使命とを共有しているとの考えがあったが、医業が病気を治療する職業として宗教的使命から切り離されるに従い、二つの使命を同時に果たせなくなってきたこと〔訳注〕。

Ⅵ　アジア

中央アジアでは、トルコ語系人口が、ソヴィエト連邦の一部を構成していた。また、土地の国有化は飢饉をもたらした（カザフスタン）。新しい共和国の形成は、ムスリムの遺産を復活させた。国家指導者になった元共産党書記局員たちは、コーランの上に手を置いて宣誓をし、モスクとコーラン学校が開かれ、サウジアラビアやイランからやって来た説教師たちは一定の成功を収めた。しかしながら、共産主義的慣行とケマル主義トルコの無意識的模倣とが、憲法の規定の中にライシテ的理念を挿入させた（アゼルバイジャン、カザフスタン、キルギスタン、ウズベキスタン、タジキスタン、トルクメニスタン）。その理念は、大抵の場合は、一党制、軍の支配、およびイスラーム主義に敵対する国家宗教を伴った、「権威主義的世俗主義」（M・スタインベルグ、C・ワーナー、二〇〇八年の中のR・ザンカの論稿）ともいうべきものである。しかしながら、イスラーム主義は、生活状況の悪化と、若者の失業という社会状況の中で支持を得た。イスラーム主義は、独裁制が猛威をふるっているウズベキスタン、とタジキスタンでとくに影響力をもっている。

タジキスタンから遠くないパキスタンの山岳地は、テロリストのネットワークの隠れ場になっているだけに一層、問題は容易ではない。この国は厳格なイスラーム共和国である。「法が本質的にインド-イギリス法のまま」のところに、「姦通や盗みに対するイスラーム的刑罰」が付け加わり[1]、また神への冒涜も厳しく処罰される。バングラディッシュは、当初、「世俗主義《セキュラー》」であった（一九七二年）が、その後イスラームを「国家の宗教」とし（一九八八年）、それから再び憲法において世俗主義であることを再確認した（二〇一〇年）。スリランカでは、反対に、「国家の義務は、仏教を守り、優遇することである。」としている。そしてミャンマー（ビルマ）では、少数派のイスラーム教徒が差別の対象になっている。

（1）参考文献【33】二六八頁。

インドでは、「世俗主義《セキュラー》」国家が、多様な宗教に対する中立、つまり政治と宗教の分離を定めた。その結果、とくに不可触民制が禁止されたが、そのことがカースト制度から生じた根深い不平等を自動的に廃止するには至らなかった。職（役所や会社において）の二五パーセントがカースト外の人びと、不可触民にあてられなければならないとされた。この法律は、彼らの境遇を大いに改善させたが、同時に政治の恩顧主義を作りだした。その一方で、パキスタンとの分割時に、緊張関係を悪化させまいとする配慮から、ムスリム身分法が（公式には一時的に）維持され、また宗教的理由での差別を禁止する法の例外事例も、少数派を優遇する政策がとられることで増えている。これらすべてが、一九八〇年代から、ヒンドゥトゥバ〔ヒンドゥー主義の意〕、すなわちヒンドゥー・ナショナリズム運動を活発化させた。このナショナリズム運動は、ヒンディー、ヒンドゥー、ヒンディスタン（ほぼ、ヒンディー語、ヒンドゥー教、ヒンドゥー教徒の国を意味する）をスローガンとして掲げたが、すべての人に共通の市民権をも要求している。インド－パキスタンの対立には、一九九〇年代から時折、暴力的衝突をも伴う宗教間の衝突も加わった。マイノリティのキリスト教徒もその害を蒙った。世俗主義の立場をとる国民会議派が、ほとんどの期間、政権の座にあるが、ヒンドゥー主義者からなるバーラティーヤ・ジャナタ党が、一九九八年から二〇〇四年まで政権をにぎった。

アジアの新共産主義の国々は、変化の真っただ中にある。こんにち、公式には政教分離の体制とされるヴェトナムでは、反植民地闘争は、宗教的性格を内包していた。すなわち、際立ったレジスタンス闘争を展開した村々には、共産主義勢力によって列聖化された、彼らの守護神が存在していた。こんにちでは、祖先崇拝が盛んであり、また祖先崇拝における交霊術――もはや神を認めない無神論と組織宗教との中間的行為――が行なわれている。長いあいだ、抑圧されてきた組織宗教は、活動が容認されるためには、「国家のさまざまな規定と対立しない宗教的方針」をとらねばならない。そのような規定は恣意的なものになってしまう。かくしてホーチミンは、守護神、さらには仏陀になった。

国家が宗教を消滅させようとする意図を断念した中国には、毛沢東崇拝が存在する。それは、彼の生涯に関わる重要な地への巡礼という行為が伴っている。毛沢東は、公認宗教や、全国組織（地方には支部がおかれた）として結成した宗教に対しては、相対的な自由を与えた。これらの組織は、公式の政策を実践した。すなわち、宗教を守ること、「迷信」（定義は多様であった）と闘うこと、外国からの完全な独立に絶えず気を配ること（とくにヴァチカンとの諸問題がここから生じる）。だからといって、外国から金銭を受け取ることが完全に禁じられてわけではない[1]（サウジアラビア、台湾などからの援助金は認められた）。聖者崇拝に基づく地域的共同体を形成している中国の民衆宗教は、時には禁止され、時には許容された。いくつかのキリスト教教会と同様に、新しい宗教（法輪功）も迫害されたり、されなかったりを繰り返している。二〇〇八年の北京オリンピックの開催中、主要なスローガンは「和」（調和）であった。ネオ儒教を、中国の権威主義体制とその「赤い資本主義」を支える市民宗教にしようとする人びとがいるが、「和」というスローガンはそのネオ儒教の考えから借用したものである。北朝鮮は、公式には無神論である。

（1）参考文献【58】所収のP.B. Potter論文、三一七～三三七頁を参照。五つの公認宗教は、道教、仏教、イスラーム、カトリック、プロテスタントである。

インドネシアは、パンチャシラ[1]（「原則」）を建国原則とした国家を主張し、その第一原則の唯一神信仰では六つの宗教が公認されている（その点で無神論は禁止、有神論である）。六つの公認宗教とは、イスラーム（一億八〇〇〇万の信徒をかかえる圧倒的多数派）、カトリック、プロテスタント、仏教、ヒンドゥー、儒教である。インドネシアは、長いあいだ、寛容な国家のモデルであった。しかし、経済破綻に伴うスハルト将軍の専制権力の突然の終焉（一九九八年）とともに、ジャワ島――ここは平穏であった――を除く地域で宗教間対立が頻発するようになった。多数の島から形成された広大な国家の弱体化は、民族的、宗教的帰属意識を強めた。民主化と地方分権化が恩顧主義を助長させた。

（1）建国五原則のこと。すなわち、唯一神信仰、民族主義による単独国家、人道主義に基づく国際主義、民主主義、社会正義〔訳注〕。

日本は、靖国神社への公式参拝がメディアで話題になったり、天皇が憲法で日本国民の統合の象徴である、と規定されたりしているにもかかわらず、厳格なライシテ国家であり、最高裁判所が靖国神社への公金からの玉串料を違憲と判断した（一九九七年）。国家の宗教活動、宗教学校への財政支援、公立学校の宗教授業は禁止されている（日本国憲法、第二〇条）。信教と宗教の自由は保障されている。たとえば、最高裁判所は、平和主義の宗教的信条により、武道の授業への出席を拒否することを、生徒の権利として認めた（一九九六年）。

Ⅶ　ヨーロッパ

最も世俗化された大陸であるヨーロッパ[1]には、国家 - 宗教関係がそれぞれ異なっている諸国家が共存している。ヨーロッパ人権条約は、ライシテの究極目的（信教の自由と差別の禁止）を認め、良心の自由、および「宗教」、あるいは「信条」を「表明」する自由に関する「世界人権宣言」の条文をみずからの条約の中に取り入れた。ヨーロッパ人権条約は、「制限」が加えられる可能性にも言及している。制限には、二つの側面がある。一つは、「法による規定」、もう一つは、「民主主義的社会において、公共の安全、秩序や保健衛生や公衆道徳の維持、あるいは他人の自由の権利を保護するために必要な方策」を講じることである（第九条）。この具体的な根拠は、条約が、国家に対する異議申し立てを、ヨーロッパ人権裁判所に行なうことを認めた、という事実にある。その判例は、普通には、一種の「結果としてのライシテ」を導き出した。すなわち、判決は、公認宗教の存在それ自体を妨げはしないが、その公認宗教は、「民主主義的社会」と「不可分」であり、信徒、「無神論者や不可知論者」にとって大切な「多元主義」に背くことを禁止する、というものであった（一九九三年、ギリシアを相手取ったコッキナキス判例）。同様に、「何人もある宗教の会員になることを強制されず」、「何人もある宗教の会員をやめることを妨げられることはない」という判決（一九八九年、スウェーデンを相手取ったダービー判例）も出された。このように宗教への一定の中立性が国家に課された。そのことは、具体的な改革を促すこともあった。たとえば、スウェーデンは、二〇〇〇年に、政教分離の法を採択した。ヨーロッパ人権裁判所は、同様に、女性教員のヴェール着用の禁止を認めた（二〇〇一年、スイスを相手取ったダフラブ判例）。また、同裁判所は、トルコについて、イスラーム政党の禁止（二〇〇三年、レファー判例）と、大学でのヴェール着用の禁止を認めた（二〇〇五年、レイラ・サヒン判例）。宗教に関わる表現の自由については、ヨーロッパ人権裁判所は、表現の自由を「宗教崇敬の対象に対する侮辱的な攻撃」まで認めることはしなかった（二〇〇五年、トルコに対するI・A判例）が、同裁判所は、（フランスが）それにもかかわらず「公開論争」にまでなった論争的記事を煽ったとして、フランスを二度（二〇〇五年、パチュレル・二〇〇六年、ジニエフスキー）(2)、非難した。しかしながら、同裁判所はイタリアにおいては、教室内に十字架像を飾ることを二〇〇九年は禁止したのに、二〇一一年はそれを容認した。

(1) 参考文献【75】。
(2) これらの非難は、ムハンマドに対するデンマークの風刺画事件が、宗教について表現の自由を擁護する世論を動員した時に行なわれた。

こんにち、政治と宗教の関係のあり方は、その国の歴史性に由来する異なる形態に分類することができる。第一の形態は、宗教と政治とのあいだに強い関係がみられるものである。それは、異なる宗教をもつ外部勢力に支配されていたときに、みずからの宗教が国民を代表していたという歴史性からきている。こうした関係は、アイルランド、ポーランド、ブルガリア、ギリシア、ルーマニアなどに見られる。そこでは、かなりの力をもった宗教的な政治勢力が、いわゆる政教分離の制度が確立しているにもかかわらず、存続している。完全な信教の自由、諸宗教と信条のあいだの平等、政教分離は、ヨーロッパ人権条約のおかげで、法律上は、充分に保証されてはいるが、現実にはきちんと守られていない。たとえば、ポーランドでは、十九世紀、ロシア正教会のロシアとプロテスタントのプロイセンによって占領された時、カトリック教徒たちは「ポーランド人性」の覚醒を推進していた。さらに、共産主義下では、カトリック教会は、民主主義のために闘ってきた。しかし、こんにち、学校教育への宗教の導入や中絶の合法化に関する司教たちの干渉は、ポーランド人の大多数によって非難されている。

第二の形態は、宗教がネイションのアイデンティティ形成において重要な役割を果たしてきた国（スペイン）や国家建設を達成するためにネイションの存在ということが必要とされた国（ドイツ、イタリア）に、見出される。この形態は、「分離と協調」と言い換えられるだろう。ギュイ・アーシェルによれば[1]、「国家が、社会の一部の考えを他の国民に無理やりに押しつけない」という点において、その国家はライックなのである。国家は、まさしく「政教分離」のために、調停者の役割を果たしているのである。「協調」は、「公認宗教」というシステムによって表明される。すなわち、イタリアは、国家と教会のあいだで政教条約を締結し、イタリア国家と宗教的マイノリティのあいだで一連の「合意」署名[2]が交わされている。フランコ体制の終焉が急速なライシテ化を引き起こしたスペインにおいても、似たような制度が見出せる。すなわち、憲法は、国家の宗教性を拒否する、と述べるが、「公権力は、カトリック教会とその他の宗派との特権的な関係を保つ」と付言しているのである。

（1）参考文献【38】。
（2）カトリック以外の宗教少数派コミュニティと政府のあいだで交わされた合意署名。合意署名により公式に認可される。そのような認定は単に宗教の信者数だけではなく、審議にかけられる宗教の教条がイタリア憲法の規定に合致することが必要である。イスラームは最大の宗教少数派であるが、合意署名がなされていない〔訳注〕。

しかしながらさまざまな問題が横たわっている。まず、一般的に、多数派の宗教が、政治的、社会的に重要な地位を保持している。たとえば、イタリアとスペインでは、カトリック教会が「公共道徳の主人」の役割を保持しようとしている。すなわち、スペインでは、カトリック教会は、同性間の結婚（二〇〇五年から事実上の容認）の認可に反対してきたし、また現政府に妊娠中絶を厳しく制限するよう働きかけている（二〇一四年）。カトリック教会は、その上、相変わらず重要な「社会的サービスの供与者」なのである。[1] さらに、「合意」に署名したマイノリティ諸宗教とその他の諸宗教とのあいだに不平等が存続している。最後に、非宗教的な思想信条の信奉者たちも、ベルギーのように刑務所や病院で「ヒューマニストのカウンセラー」を配置する以外、平等に扱われてはいない。最もライックな国であるベルギーにおいては、同性者間の結婚（二〇〇三年）とともに、安楽死（成人者について二〇〇二年、未成年者について二〇一四年）も合法化された。

（1）参考文献【76】所収のE. Pace論文、六三頁。

第三は、元の東欧諸国に見られる形態で、それぞれの民族的遺産によって、異なる制度が採用された。たとえば、チェコとスロヴァキアの反教権主義の伝統は、カトリックの中に存続している。これらの国々では、共産主義体制下に政府に没収された宗教財産——宗教諸派はこれを取り戻すことを望んでいるが——の問題はそのままになっている。ロシアでは、二〇一〇年の法の制定以来、正教会が最大の土地所有者である。一九九七年の憲法によれば、ロシアは「ライックな国家」であるが、プーチン大統領（二〇一三年）によれば、この国は「ライシテという俗悪な概念から離れなければならない（原文ママ）」のである。その歴史における「正教会の特別な役割」を認め、イスラーム、ユダヤ教、仏教を、みずからの歴史的遺産の欠くべからざる一部としてみなしている。プーチンが政権の座について以降、ロシアのナショナル・アイデンティティにおける正教会の重要視と、西洋の影響に対する警戒心から、「伝統的でない宗教」の活動にも、また「伝統的ロシアの宗教」に対する批判にも、制限を加えた。宗教的マイノリティ、軍関係組織、および政府高官たちはライシテを守ろうとし、同様に、生徒の親も、正教会の宗教を学校の授業科目に導入することに反対した。[1]

（1）参考文献【71】所収のZ. Knox論文、および参考文献【63】五一～六四頁。

第四の形態は、ライシテの度合いが弱いイギリスとスカンジナヴィア諸国に見られる形態である。それらの国では、大幅な信教の自由が認められているが、いまだに国教（イングランド、スコットランド）あるいは、国民の宗教（デンマーク、ノルウェー）が、存在している。支配的な宗教は、「市民宗教」と「信仰の宗教」とに二分される。「市民宗教」は、ナショナル・アイデンティティを象徴し、特権と政治の関係を享受し（たとえば、イギリス国教会の主教たちは、上院のメンバーである）、「公的サービス」の任務を果たさなければならない。[1]「信仰の宗教」は、その規範と実践が、みずからの意志で信徒となった男女に対してのみ価値を持つ宗教である。そして、この形態の政治と宗教においても、ライシテの要素は存在しているのである。たとえば、ノルウェーの最高裁判所は、一九八三年に、国家は、その法を国民教会の道徳的規範に則るべきでないと、宣言した。

（1）たとえば、各市民は、国教会において、洗礼、結婚、葬儀を行なう権利を有している。このことは多くの非宗教実践者にも歓迎されている。なお、イギリスが宗教には、直接的な財政支援をしていないことも指摘しておく（間接的な財政支援は行なっているが、金額はフランスよりも少ない）。

フランスは、別の形のライシテをつくりあげた。すなわち、国家はライシテ（一九〇五年の法）のお蔭で、衝突（「二つのフランス」）を平和的にくぐり抜け、近代的なネイションを創設した。フランスには、理論的には、宗教と信教の完全な平等が存在している。実際には、フランスのライシテは、地域レベルでは多様な宗教制度からなっている。すなわち、ほぼ国家宗教ともいえる制度が存在したり（海外県の管轄下にあるギアナのカトリック、やマイヨット[1]のイスラーム）、アルザス＝モーゼルでは公認宗教制度と政教条約《コンコルダート》が残った（二〇一三年に憲法によって認められた地位）。しかし、フランスでは、厳格、あるいは柔軟という違いがあるにせよ、支配的な原則は政教分離である。フランスのライシテは、アメリカ的市民宗教（N・サルコジのいうところの「ポジティヴ」なライシテ）に近づいている。あるいは、それは、世俗的市民宗教になろうとしているといえよう[2]。公立学校において「特別に目立つ宗教的標章」の着用を禁じる、二〇〇四年三月の法の制定は、ある人びとにとっては、ライシテの必要な再確認であり、また他の人びとにとっては、変幻自在なライシテの特徴でもある。それは、他の宗教に対してよりも、あるいはアルザス＝モーゼルに対してよりも、イスラームに対してより厳しいものであった。しかし、実際に、ヨーロッパの世俗化が魅力を失った時に、イスラームの存在の変化は、ヨーロッパ全体に、緊張や差別の問題をひき起こし、[3] また新しい要求に直面して公的な政治は試行錯誤を強いられた（オランダ、イギリスなど）。

（1）フランス海外県の一つ。アフリカ大陸南東、マダガスカル島とのあいだのモザンビーク海峡に浮かぶコモロ諸島に属する島〔訳注〕。
（2）本書第七章の一四一頁以下を参照。
（3）参考文献【53】。

フランスのライシテ（アルザス＝モーゼルを除く）において、学校には宗教の授業がない。チェコとハンガリーも同様である。一方、ドイツ、オーストリア、ギリシア、アイルランド、イタリア、スロヴァキア、ポルトガルでは、宗教教育がなされている――普通は、申し出れば出席義務の免除も認められているとされる――。また、ベルギーやロシアでは、宗教か哲学のどちらかを選択できるようになっているし、デンマーク、オランダ、イギリス、スロヴェニア、スウェーデンでは、特定の宗派教育ではなく、市民的価値と宗教的価値の区別を前提とした非宗教的な授業がなされている。[1] しかし、フランスは、私立学校に多額の補助金を出している。このようなことは、イタリアのような国でも行なわれていない。

（1）参考文献【77】を参照。フランスについては参考文献【29】を参照。

ヨーロッパ憲法案の序文をめぐって、ヨーロッパの「キリスト教の遺産」に言及する必要があるのか、という論争が行なわれた。ベルギーやフランスのような国の反対によって、それは「文化的、宗教的、人文主義的遺産」という表現で決着した。しかし、そこには、ヨーロッパのアイデンティティを「キリスト教的ルーツ」の上に戻そうとする危険がないわけではない。

第七章　「普通の市民《ラオス》」、ライシテそして二十一世紀の挑戦

前章の展望は、ライシテの形態や程度が国や地域によって非常に異なるとしても、ライシテを構成する諸要素がまったく存在しなかったところはない、ということを示している。さらに、その発展の仕方は領域〔国家、市民社会、教育、道徳倫理など〕によって異なっている。最後に、グローバル化は、あらたな重要課題が示しているように、ライシテの問題を地球的規模に拡大させ得るのである。

たとえば、一九六〇年代の終わりに、アメリカの癌研究者（ポッター）は、「生命倫理」という言葉を創った。彼にとって、バイオテクノロジーの進歩に基づきつつ、よりよい未来の構築を可能にしてくれる新しい道徳が関心事であった。ポッターは、「失敗する勇気」という考えに立っている。すなわち、われわれは、将来より大きな善を手にするためには、いくばくかの損害を覚悟して挑戦する、という考え方である。ところで、この「生命倫理」という言葉は急速に意味を変え、技術の進歩ではなく、むしろそれを制御すべきであるという要請を取り入れるようになり、その結果、医療中心の意味ではなくなった。つまり、この生命倫理は、もはや医師の独占的分野なのではなく、さまざまな学問分野の人びとが

取り組むテーマになった。さらにそれは、すべての人に関わる事柄として、誰もが要求するようになった。（……）もはや「良心［医者の良心］」と「信頼［患者の信頼］」の関係が問題なのではなく（……）、当事者たちによって受け入れられる決定を考え出すことが問題なのである。その場合、「見識ある同意」が中心的な役割を果たすのである。(1)

（1）参考文献【43】三二八頁。

こうした考え方の変化とともに、医者は、「普通の市民《ラオス》」に対する聖職者として認識されるようになった。医者のそのような聖職者への変化は、ライシテ化の第一段階と第二段階のあいだに起こったのである。しかし、それはまた、第二段階の特徴である「医療中心的」論理から離れることを意味する。フランス大統領ミッテランは、それを直感し、世界初の（生命）倫理国家諮問委員会を創設し（一九八三年）、委員会メンバーに「宗教意識や倫理意識の強い」専門家たちを任命した。この新しい論理では、宗教や信条は、市民社会を支配すべきではないが、とるべき選択に何も明白な根拠が見出せない状況においては、生命や倫理に関係する議論に関与することができる。

I　ライシテ化の第三段階

ライシテ化の第一段階は、歴史の進歩を信じることは合理的である、という考えが支配していた時代に一致していた。その時代は幸福ということが強調された。自然の支配による幸福の追求、と社会的中心課題を「現世の生活」に集中させること、という啓蒙主義のプログラム（ロマン主義のプログラムはより情緒的である）は、たとえそれが矛盾を生み出していたとしても（とくに、普遍主義という側面と、女性や植民地化された人びとを白人の対局に置き、彼らの政治的・社会的地位を自然の理であり、彼らの特殊性とみなしたダーウィンの社会進化論とのあいだの矛盾）、否定できない成果をもたらした。こうして近代性が支配的になっていった。

第二段階のとき、この近代性が確立し、他方でその矛盾が知覚できるようになった。二つの世界大戦は、近代性の新しい側面、すなわち創造的な「良い」進歩と、死をもたらす「悪い」進歩の分裂を明らかにした。アウシュヴィッツと広島が、そのおそろしさを象徴的に表現している。幸福感について、自由主義的解釈と社会主義的解釈は、政治的イデオロギーの大きな物語[1]を交えて対立した。脱植民地化、古い制度に対する学生の反乱（一九六八年）、ベルリンの壁の崩壊（一九八九年）が起こった一方、新しい問題も提起された。

（1）フランスの哲学者J・F・リオタール（一九二四～九八年）が用いた言葉で、両陣営が大きな物語 grands récits＝支配的な価値観と思想、をめぐってイデオロギー闘争を行なっていたことを指している〔訳注〕。

こうしてわれわれは、ライシテ化の第三段階といってもよい地点に到達した。第三段階において起こっているライシテ概念をめぐる構造的変化には三つの特徴がみられる。第一の特徴は、科学がみずからの技術の適用に疑問を投げかけるようになったことである。それは科学が技術的な影響を持ち始めた啓蒙主義に対し逆転するような状況である。すなわち、非軍事目的の核利用、気候の温暖化、生物の多様性の侵害、海洋と陸地の汚染、院内感染の病気などについてさまざまな疑問が、科学的知の内部での議論（当然にも、イデオロギー的に利用される側面もあるが）から生じている。つまり、技術的進歩が知識の進歩によって問題視されるようになったため、両者のあいだに分離が生じるようになっているのである。このように、宗教的真理（とくに「啓示」宗教の真理）から科学的な真理――今日の真理が明日には誤りになっているかもしれないという議論にさらされている真理――への社会的変化は、不確実さをもたらした。そして、学校や医療機関という世俗的な制度とその聖職者〔医者、教師〕は、進歩を幸福である、とする規範的枠組みで「普通の市民」を導くことができなくなってきている。

これらの制度は、第二段階の時の宗教的制度と同じように、不安定になっている。そして、宗教に対する個人主義化(1)が近代社会で生まれたのと同じように、後期近代の状況下では、世俗的制度に対する個人主義化が進んでいる。世俗的制度は、明白な成功を手に入れた後、今度は新たな問題に直面するようになった。かつて宗教的制度を不安定化させ、世俗的象徴の希望の担い手であった（今でもある程度はそうであるが）学校や医療領域の制度が、脱制度化の相対的プロセスにさらされているのである。すなわち、これらの制度とその「聖職者」に対して示されていた敬意は、権利（「患者の権利」、「生徒の権利」）を主張する、より消費主義的関係にとって代わられた。権利意識が拡大している状況においては、新しい「宗教的」権利要求が世俗的制度（学校や病院）の内側で表明されるようになってきている。

（1）個人主義化は、イスラームにおいても確立している。参考文献【64】を参照。

第二の特徴は、社会の道徳的規範が危機に瀕していることである。これまで、民主主義社会の世俗的制度は、個人に社会的観念を学習させ、より自律した人間にするのに適した規範を教え込んでいた（少なくともそのように主張されてきた）。そこでは「他人に対する義務」と「社会に対する義務」が教えられていたが、それにはかなりの信頼感があった。ところが、こんにち、社会が個人に求める理想は、道徳的義務としての「自己実現」であり、他人との関係においては、いかに魅力と競争力があるかを示すことである。標準化され、断片化された大衆消費がもたらした擬態は、反発と追従主義によって、逆に「差異」の魅力を生み出している。その差異は、集団（宗教的・文化的集団、同世代の集団、性的少数者の集団など）のアイデンティティを突出させた形をとることもある。

最後に第三の特徴は新しい多元主義の出現である。グローバル化に伴い、象徴にかかわるものが脱領域化を遂げ、トランス・ナショナルな側面を強めることになり、またとりわけ、近代性が形作ってきた「宗教性」と「非宗教性」を分ける境界が構造的に崩れてきている。制度的な「所属なき信仰」（G・デイヴィー）は、象徴的なさまざまな成分を混ぜ合わせている。このような多元主義の勃発は、個人化と大衆化という二つの運動とつながっている。不確実性を減らすためにさまざまな戦略が講じられている。すなわち、ある者は過去の郷愁の中に安住しようとしたり、あるいはマスコミ、つまり新しいメディアの聖職者に結びつこうとしたりしている。また、他の者は、宗教に拠り所を求めたり、アイデンティティの再構築を試みたりするだろう。その際「宗教的なもの」が新たに文化的、社会的資源として表に出てくる可能性がある。

II　こんにちの世俗化とライシテ化

宗教の個人主義化はライシテ化過程の結果である。それは、明らかに宗教を個人の選択とし、政治的、社会的紐帯の要素とはしてこなかった。このことは、多かれ少なかれ、ライシテ化された社会において、宗教はもはや課せられた規範の制度ではなく、個人が象徴的にみずからの環境を制御し、アイデンティティを構築するために、汲みだすことのできる資源の体系であろうとしている、ということを意味する。

ところで、歴史を振り返ってみると、宗教の「ライシテ」傾向は、その言葉の本来の意味での「ライック」な人びと、すなわち非聖職者、俗信徒的な人びとの中にすでにみられる。[1]すなわち、一般的に、「宗教の練達者」（M・ウェーバー）ではない普通の人は、できるかぎり宗教には「我関せずという態度」をとりつつ、手段や「救い」として宗教を利用しようとしていた。[2]反対に、偽善的聖職者はともかくも聖職者にとって、宗教は、包括的世界観であり、人生の意味と規範の全体に関わる制度である。反教権主義を教権主義的宗教の理解に対する異議申し立てとして定義するならば――宗教を個人が利用できる象徴的資材の全体として（古典的な意味での）ライシテ的見方でとらえるならば――このような意味での反教権主義は、ライシテより以前のものであり、さまざまな文明において見出すことができる。[3]しかし、反教権主義が宗教からの脱出をも促すようになったのはかなり遅れてであった。ヨーロッパでは、この変化は、一八六〇年代から一八七〇年代に起こった。

（1）「laïc」（聖職者ではない者）から、「laïque」（ライシテに忠実な者）という言葉への変化に関しては、本書の第一章、二五頁以下を参照。

（2）当然にも、それだからこそ、ライシテ化されていない社会では、いくつかの宗教的行為が政治的に強制されるのである。

（3）本書第一章、一三頁以下を参照。

ライシテ化のプロセスの本質は、集団的レベルにおいて、政治や社会が教権主義による支配から、ライックな（laïc と laïque の二つの意味が結合した意味でのライック）〔laïc と laïque の意味については、本書二五頁の注（1）を参照〕支配へと移行していく過程の中に存在している。すなわち、ライシテ化は、「世俗権力」

と「宗教的権力」という中世的な区分とは無関係になった。というのも、ライシテ化とともに、宗教はもはや政治的、社会的権力機構から切り離されるようになったし、また宗教の権威もその信徒たちによって、かつ信徒たちが望む範囲内でしか認められなくなったからである（たとえば、必ずミサに参列するカトリック教徒が、普通に避妊具を使うことができるようになった）。

「世俗化《セキュラリザション》」の言葉の起源は、修道士が、俗界（saeculum）で生活するために、修道院（永遠の予兆）を離れる過程を意味する。宗教社会学者たちは、世俗化の概念を拡大させ、その意味を変えたが、（修道士生活から世俗生活への）「移行《トランスフエール》」という概念は残っている。世俗化が進行している時代において、医療や学校などの世俗的な制度が、社会的に義務的機能（予防接種、健康診断、義務教育）を果たすようになり、法的な規範が課せられた制度になったとすれば、それは、まさしく、世俗化が進行し、人びとが「進歩」を信じていたからである。宗教的権力ではなくとも、少なくとも象徴的で社会化を促す機能を有する、権力の移行があったのである。これらの制度の正当化は、その制度で追求される目的の聖別化（「生命の希望（平均寿命）」と知識が救済の理念にとって代わろうとしている）と、これらの制度に全面的にまかせればその目的を達成できるとの確信（教会の外に救いなしというように、病院の外に健康なし、学校の外に教育なし）と、これらの制度の聖職者たちは普遍の中で生きているとの確信（司祭と同じように「医者は男女いずれの性ももたない」、二〇〇六年十二月十八日付の週刊誌Elle）の、三つの社会的意識の変化に起因している。しかし、聖職者と同様に医者も職業上は性的関心を持たないとされるが、ジェンダー研究の対象にはされている。

しかしながらブルーメンベルクが本質主義を否定するのはもっともなことである[2]。すなわち、彼の主張によれば、この「移行」において、聖性の喪失という変化が起こり、聖性は、社会的なものに対して外部にある審級に由来することを主張しなくなったのである。さらに、聖性は、より機能的になり、脆弱になったのである。人びとは、知識は、もはや社会上昇の主要な資源としてみなされていないし、延命は必ずしも望ましいものではなくなっている（尊厳のうちに死ぬ権利）。このような状況において、学校や病院は規範的制度として認められなくなっており、その代わりに普通の市民《ラオス》がみずからのやり方でますます利用できる資源としての制度になりつつある（たとえば、逆症療法と自然療法や公立学校と私立学校が競合関係に置かれている）。しかし、宗教を脱魔術化し、脱教権主義化させた諸制度が、今度は同じようなプロセス――世俗化自身が脱魔術化され、世俗化される[3]――に直面しているのである。

（1）社会学的な意味においてである。
（2）本書、第五章、八四頁以下を参照。
（3）この意味において、このプロセスは、最初に世俗化したが、ライシテ化の新たな戦略を必要とした。

このプロセスは、直接ライシテ化と政治的なものに打撃を与えている。というのも、タラル・アサドが強調しているように（「参考文献」を参照、二〇〇三年、一二三頁）、近代性は相反する二つの神話の上に成り立っていた。一つは、政治的なものが公共の理性の言説と一致する、啓蒙主義の神話、すなわち、人びとを統治するエリートの能力と結びついた神話である（啓蒙専制君主制）。もう一つは、普通選挙という革命的神話。ここにおける政治的なものとは、多様な市民と選挙人の（必ずしも合理的ではない）意見が多数決によって表現される、普通の市民の意志のことである。エリートの能力と大衆の意志という、こうした近代性の潜在的な矛盾を解決してくれるのは、世俗的な制度である。なぜなら、エリートたちは、世俗的な制度によって、「大衆《ラオス》」を教育するからである（しかし、どんな論理で？　理性的な論理か、「強者の論理」か？　おそらくこの二つの混合であろう）。

ここから世俗的制度が代表してきたライシテ（「ライシテ」という言葉自体が、最初は学校と関わっていたのである）に、新しい重要な問題が生じてくる。すなわち、グローバル化の進行とともに社会がますます多元主義的になる状況の中で、ライシテにも新しい変化が必然的におこっているのである。この新しい局面はライシテの状況を複雑にし、新しい挑戦を生み出している。実際に、世俗化を内面化して西洋化した人びととブランカルテがラテンアメリカについて述べているように[1]、多かれ少なかれ、宗教を包括的システムとして認めているような人びとが、直接接触するような事態が起こっている。

（1）参考文献【7】所収の R. Blancarte 論文、二五五頁を参照。

Ⅲ　市民権から共和主義へ

この二重の挑戦に対し、二つの反応がみられる。第一は、社会的身体、つまり政治共同体の統一を主張し、すべての帰属から解放された「抽象的な市民」という概念を全面に押し出そうとする反応である。それは要するにライシテの（「公共のもの《レス・プブリカ》」という意味での）共和主義の原理を重視しているのである。「レピュブリック」という言葉の二つの意味（「公共のもの」とフランス共和国）が意図的に混同されるフランスでは、こうした主張はしばしばなされる。(1) 一九六〇年から一九七〇年代のフランス共和国は、「資本主義的」あるいは「ブルジョワ的」と形容されるのが普通なのに、「共和国《レピュブリック》の価値」(2)（民主主義《デモクラシー》の価値ではなく）がしばしば引き合いに出されたり、またライシテに、「共和主義的」という形容詞が付けられたりする。こうすることによって、世俗的制度に与えられてきた象徴的なものの転移（「学校は聖域である」）――もはや真の意味では機能しなくなっているが――を維持、あるいは再構築するためにライシテが引き合いに出される。かくして、とくにイスラームに対抗して、世俗的制度を再び魔術化しようとする動きもみられる。

（1）同様に、「人間 homme」という言葉の二つの意味（人であるということと、男性であるということ）の混同は、男性と女性の不平等を覆い隠した。

（2）フランスの代表的共和主義者R・ドゥブレ Régis Debray（一九四〇年～）は、湾岸戦争、アメリカによるアフガニスタンやイラク侵攻などをとりあげながら、アメリカに代表される民主主義を批判し、フランス・共和主義の優位性を明確に主張している。彼によれば、共和主義は古い思想であっても、その後にくる民主主義がもたらすものは「自由な個人」ではなく、宗教と金銭、僧職者と経済マフィアの支配なのである。ドゥブレの共和主義については、樋口陽一・三浦信孝・水林章『思想としての共和国』（みすず書房、二〇〇六年）および鳥羽美鈴「レジス・ドブレのフランス共和主義思想――その批判的検討――」『相関社会科学』第一四号（二〇〇四年）、七一～八四頁を参照〔訳注〕。

もちろん、フランスだけがこのように極端な姿勢を特権化しているわけではない。たとえば、オランダは、移民を列柱化システム〔本書、八九～九〇頁〕の中に統合しようとしたが、さまざまな制度が不安定化して列柱システムが機能しなくなると、かなり極端な姿勢を取るようになった。他の場所でもこのような立場を称賛する意見がある。ヨーロッパ人権裁判所自身も、いくつかの判決において、ライシテのこの側面を重視しているように思える。

しかしながら、さまざまな困難が横たわっている。まず、差別に対する闘いは、はっきりとはいわないが、別の原理へと接近させる。たとえば、男女の政治参加の完全平等をめざすフランスのパリテ法(1)（二〇〇〇年六月）は、市民を男女の性の違いによって分けることで、抽象的な普遍主義に背を向けている。フランスにおいてさえ、「多様性」という言葉が認められたのは、少数者の民族的・文化的権利の尊重という、社会的潮流の結果である。

（1）国会議員や地方議員の選挙において、候補者名簿を男女交互に同数にすることなどが決められた〔訳注〕。

しかし、こうした潮流の変化から重大な問題が見えてくる。すなわち、われわれは、抽象的で普遍的な市民が実のところは、白人であることとの危機に気づき始めているのだ！　次に、いわゆる共和主義の思想は、西欧諸国において西欧化されていない人びとに、問題の責任を押し付けている。実際に、彼らは何よりも、その問題をより大きく見せるようになっているである。つまり、既に述べたように、世俗化の脱魔術化は、多様な文化の混合――多少、脱魔術化に関わっているとしても――に由来するものではないのである。最後に、もし「市民権が理屈の上では個別の帰属を超越する原理だとしても、その完全な実現のためには、古典的な共和主義の枠内においては、公的空間の強い文化的均質化を必要とする」[1]。ところで、この文化的均質化（共和主義において、規定外のアポリア（論理的解決の難しい問題）であるというのも、この均質化は、抽象的な市民に矛盾しているからである）は、脱魔術化された世俗化が過去によってしか、たいした魅力を生み出せない、ということが前提とされているのである。そして、実際に、それは共同体主義的立場に近づいているのである（セシール・ラボルド）。

（1）参考文献【27】一六三頁。

グローバル化とは、地球全体に世俗化の多様な側面が広がることを意味する。ユセフ・クルバージュとエマニュエル・トッドの分析[1]によれば、こんにちのムスリム社会は「脱世俗化」（宗教の再活性化）の運動の中にあるどころか、反対に、世俗化をもたらす軌道、移行段階、すなわち文化的、社会的「脱イスラーム化」のプロセスにある。個人主義化された宗教実践の重要性は、この文脈の中に位置づけられる。他方で、過激派の運動は、「脱ライシテ化」によって、世俗化の進展に対抗しようとする。このことの重要な点は、過激派の言説が、世俗化に対する個々人の行動に、両義的な影響をもたらすことである。すなわち、世俗化は、あるレベル（交換の合理化と官僚化）では受け入れられるが、個人のアイデンティティが問題になっている時には、必ずしも受け入れられない。そうしたとき、共和主義は「ライシテが新しい十字軍兵士の武器である」ということを主張するための引き立て役になりうる。実際に、共和主義の危険性とは、世俗化（社会のダイナミズムによって進行する）と、ライシテを混同することであり、またライシテを引き合いに出しながら、実際にはそれを、ルソー的な意味での「教義」を担う市民宗教[2]の形にしてしまうことによって、行き過ぎた世俗化を押し付けようとすることである。こうした市民宗教の側面は、否定の対象でもあることもあれば、いわゆる「共和国主義者」の知識人たちによって明確に受容されていることもある[3]。

（1）参考文献【22】を参照。
（2）ここでの市民宗教は、既存の宗教や宗教制度を、堕落・自由の抑圧などのもとだとして批判し、人間の「理性」による自由と平等を過度に強調する考えが想定されている〔訳注〕。
（3）参考文献【45】三八頁以下参照。【62】所収の R. Debray 論文、五〜二〇頁。

Ⅳ　多元主義から多文化主義へ

二重の挑戦に対する第二の反応は、多元主義を押し出そうとするものである。もしライシテが市民権と宗教的帰属のあいだの分離であるならば、それはまた、自由と平等という理想において多元主義を保証するものでもある。フランスでは、何人かの哲学者（ルノー、ラボルドなど）や社会学者（コスロカヴァル、トゥレーヌ、ヴィヴィオルカなど）を別にすれば、ジャコバン的「共和主義」が文化的に支配的であるのに対し、さまざまな国で、多くの知的な論争が、共和主義者と自由主義者と共同体主義者《コミュニタリアン》のあいだで行なわれている。

「共和主義者たち」（スキナーやサンティンなど）は、マキャヴェリとルソーの系譜に身を置くことによって（「彼らは自由であることを余儀なくされる」）、暗にフランス共和主義に依拠しようとしている。すなわち、アノミーに陥りがちな「個人社会」は、真の「市民共同体」に取って代わられなければならない。法によって、市民たちの政治的平等が構築され、彼らが国家の中心から等距離に配置されなければならない。学校の価値を高めなければならない。

古典的自由主義思想の学派は、権力がつねに「権力を抑止」しなければならない（法の重要性）という考え方に反対し、みずからの考え方に沿って、個々人の帰属がなんであれ、共通の市民的アイデンティティが単一の市民権を意味している、と評価していた。すなわち、個人主義だけが、法の下での平等が尊重され、何人も疎外感を感じない、ということを可能にするのである。しかし、状況の変化は、自由主義者に、自由社会における権利の位置づけを自問するよう促した。ロールズは、多元主義社会における正義の原理を定義しようとした。すなわち、多元主義社会は、正義と善の分離を想定させる。われわれが、正義について同意に達するためには、われわれの誰もが良き生についての概念がどのようなものであるかをあたかも知らないかのように振る舞わなければならないのである。さらにキムリッカは、「マイノリティの権利についてのリベラルな理論」を念入りに作り上げようとした。彼は、集団的要求のうち、その構成員の「内的拘束」に関わる集団的要求（彼が合法化することを拒否した）と、その集団を解体させかねない社会全体の規範に対するその構成員の「外的保護」という集団的要求（彼は受け入れることができるとした）とを区別することを提案した。こうして、普遍主義的アプローチは、多文化主義と和解する。「共同体主義者《コミュニタリアン》」（A・マッキンタイア、M・サンデル、Ch・テイラーなど）たちは、啓蒙主義の約束と実現の矛盾を主張する。開花や解放は、伝統からの必然的な切断によってもたらされるはずであった。ところが、否定しがたい成功であったにもかかわらず、むしろ絶望と「空虚さ」が生み出されたのである。すなわち、「完全な自由とは、なすべき価値が何もない空虚さのことであり、その結果としての『自己』は、個性を欠き、そのため明確な目標を失っている[1]」。残っているのは「外面的富」を目的もなく消費することでしかない。

（1）参考文献【72】四七頁。

こうした物の見方は、自由というものを共同体への帰属とも結びつけて考えさせ、「文化の承認」という理想を追求させることになった。多文化主義のさまざまな思想は、共同体主義の理論の影響を受けるとともに、刷新された自由思想の影響をも受けている。しかしながら、この共同体主義的理論は、フランスで共同体主義と呼ぶもの、つまり、共同体によって個人を包摂、さらには抑圧すること、と混同してはならない――前者の共同体主義が後者のそれに変わる危険性がないわけではないとしても。活発な議論の後、ケベックのある委員会は、ライシテとインター・カルチュラリズムとを結びつける独自の道を追求することを提案した(二〇〇八年五月)。このインター・カルチュラリズムとは、共通の公共文化の追求に重点をおきながら、異質な他者にも開かれた市民権として認識されている[(1)]。

(1) 参考文献【3】。

共和主義も、多文化主義も、こんにちのさまざまな挑戦に完全な解決策を提示できるとは思えない。しかし、おそらく、市民権の原理と多元主義の原理とのあいだの緊張は、ライシテの中に永続的緊張が存在していることを証明している。それは、第三のグローバル化、つまりライシテと世俗化のあいだの区別がより明確になり、もはや西欧のみがその担い手とはみなされない新しい普遍主義の建設というこんにち的文脈の中で、新たに具体化されるべきなのである。

訳者あとがき

本書は、Jean Baubérot, *Les laïcités dans le monde* (Coll. « Que sais-je? » n°3794, PUF, Paris, 4e éd. 2014) の全訳である。初版が二〇〇七年に刊行されているので、七年で版を四回重ねていることになり安定した読者層を得ていると言えよう。第四版は二〇一一年の「アラブの春」によるイスラーム諸国における政教関係の変化を受けて、第六章を中心にかなりの書き換えが行なわれている。翻訳の下訳がほぼ終わったところに第四版刊行予定の連絡があり、著者からも第四版をもとに翻訳するようにとの依頼があったので、訳し直しをし、また日本の読者の便宜も考慮して第四版では削除された文章もいくつかは残してある。

著者ジャン・ボベロ氏の経歴と業績については、ジャン・ボベロ『フランスにおける脱宗教性《ライシテ》の歴史』三浦信孝／伊達聖伸（訳）、二〇〇九年、文庫クセジュの「訳者あとがき」（伊達氏による執筆）に詳述されているのでここでは省略をする。

ボベロ氏は言わずと知れたライシテ研究の世界的権威である。ライシテという言葉はまだ日本の社会に定着していないが、そろそろ翻訳をせずに「ライシテ」をタイトルにしてもよいのではなかろうか、と思い、本書では書名を『世界のなかのライシテ』とした。その代わりに、原書にはない「宗教と政治の関係史」という副題をつけた。ライシテは、「国家が特定の宗教を保護せず、複数の宗教が国家（政治）から自立しながら平等な地位を保障され、また個人および集団も宗教の選択と信仰の自由が保障されている原理」と定義される。平たく定義するならば、ライシテとは、宗教と政治（国家）が互いに自律している関係（実際には永続的な緊張関係にある）である。日本の読者にとっては、ライシテの歩みを、宗教と政治（国家）の関係史の一つとして考える方が理解しやすいと思える。本書で「宗教と政治の関係史」という副題をつけたのはこのような意図からである。

本書は文字通りの全世界のライシテの歩みを叙述している。しかし、宗教と政治の関係という点では、二〇一一年の「アラブの春」後のイスラーム諸国における情勢が最も注目される。著者のボベロ氏が「アラブの春」後のイスラーム諸国の政教関係の変化に注目し、第四版で大幅な書き換えを行なったように、訳者が本書の翻訳を思い立ったのも似たような関心からである。すなわち、イスラーム主義運動は、シャリーア（イスラーム法）に基づく国家建設をめざして政治運動を展開し、大衆の圧倒的な支持をも得て一九八〇年代末には頂点に達した。しかし、国家建設の直前まで到達した運動は、九〇年代になると体制との闘争（しばしばテロリズムを伴った）および内部対立に陥ってしまい、結局彼らの目標は実現されなかった。さらに二十一世紀は「九・一一」テロ事件に代表されるグローバル・テロリズムの時代に遭遇した。その結果明らかになったことは、シャリーアに基づく国家建設をめざした政治運動の非現実性ではなかったのか。シャリーアを政治制度の実定法とすることに、矛盾があることが証明されたのではなかったのか。この過程でイスラーム主義運動とそれに対するムスリム（イスラーム教徒）の認識に根本的に変化が起こったのではないのか。「アラブの春」は、それを象徴する政変ではないのか。

このような問題意識に立つならば、イスラーム主義運動の挫折→宗教と政治の関係の変化→ポスト・イスラーム主義の時代↓「アラブの春」という変化が図式できる。ポスト・イスラーム主義の時代における、宗教と政治の関係は、「ライシテ」的関係を意味している。なお、ここでいう「ポスト・イスラーム主義」とは、イスラーム主義がアピール、活力、象徴性などを枯渇してしまった、という一つの社会状況を反映する用語である。それは、イスラームが社会的・政治的・経済的諸問題のすべてに回答を与える、というイスラーム主義の考えを否定している。しかし、ポスト・イスラーム主義は、反イスラーム的意味ではなく、むしろ宗教を政治の束縛から解放（再世俗化）することで、宗教としてのイスラームを救済しようとする潮流である。その意味ではポスト・イスラーム主義は、明らかに宗教の政治的役割が制限されたことを意味している。またポスト・イスラーム主義は、イスラームと、個人の自由や個人の選択との連合の思想でもある（「アラブの春」とポスト・イスラーム主義については、訳者は以下の書で論じた。私市正年『原理主義の終焉か――ポスト・イスラーム主義論』山川出版社、二〇一二年）。

「アラブの春」後の情勢は、暴力的イスラーム勢力（チュニジア、シリア、イラク、リビア、ナイジェリアなど）が目立ち始め、またトルコにおけるイスラーム政党「公正発展党」のイスラーム政策の強化などにより「ライシテ」的現象を後景に押しやっているようにもみえる。不透明感を増しつつあるイスラーム諸国における宗教と政治の関係は、今一度、世界のなかのライシテの歩みの中に置きなおして、再考する必要があろう。その意味で本書から得られることは多い。

私市正年

「ライシテ」問題に興味をもつようになった契機は、修士論文「アルジェリアの教育におけるベルベル——教科書の表象を中心に——」を執筆したことである。フランスの旧植民地アルジェリアでは、植民地時代、宗教的帰属が、原住民と入植者の「人種」的区別とほぼ同義とされていた。独立後、イスラームという宗教は、国家アイデンティティの不可欠の要素として表明され、教育政策の中でもアラビア語と共に特別な位置を与えられた。

しかし、国家に管理されない宗教を望む要求や、市民権に基づく政治を目指す流れもないわけではなく、こういった、いわば反政府的な姿勢は、おおよそアラブとベルベルというこの国の民族文化対立の傾向として現われる。これらの問題の切り口として、本書が示したようなライシテは有効である一方で、アラブ世界における政治と宗教の関係を「ライシテ」という指標に還元してしまえるのか、という問いも含んでいるといえる。

その点で、ライシテの汎用化を試みた本書は、一般にイスラームの特殊性を強調されるアラブ世界において、ライシテをどのように議論の俎上にのせられるのか、という問題を考える足がかりになると同時に、政治と宗教の関係を「ライシテ」という一つの言葉で表わすことの難しさも教えてくれる。本書を翻訳する過程で学んだ世界におけるライシテの議論を今後の研究にも活用させていきたいと思っている。その意味で翻訳作業に参加できたことはとても有益であった。

中村遥

本書の翻訳にあたっては、最初に私市が第二章まで翻訳をし、それを引き継いで、中村が全文の下訳を完成させた。その後、私市がその訳文に全面的な手直しをした後、私市・中村が数度にわたって翻訳文の推敲を重ねた。それを終えた後、ライシテ研究の第一人者で、ボベロ『フランスにおける脱宗教性《ライシテ》の歴史』の訳者でもある伊達聖伸氏（上智大学教授）に訳文全体に目を通していただいた。伊達氏には訳文の詳細なチェックだけでなく、読みやすくするための多数の助言もいただいた。心よりお礼を申し上げます。また、長谷川ニナ氏（上智大学教授）には、フランス語の文法上の疑問やラテンアメリカの宗教政策について何度も研究室にお伺いして丁寧な説明をしていただいた。ありがとうございました。

訳者の怠慢さの故に刊行が遅れてしまったが、辛抱強く翻訳作業を待ってくださった白水社編集部の浦田滋子さんにお礼を申し上げたい。

二〇一四年八月

私市正年／中村遥

人名索引

ア行

カ行

サ行

タ行

ナ行

ハ行

マ行

ヤ行

ラ行

ワ行

参考文献①
（原書巻末）

ライシテにかんする議論

Asad T., *Formation of the Secular*, Stanford University Press, 2003.

Arriada Lorea R. (ed.), *Em defesa das Libertades Laicas*, Porto Alegre, Do Adyogado, 2008.

Bader V., *Secularism or Democracy? Associational Governance of Religious Diversity*, Amsterdam University Press, 2007.

J. Berlinerblau, *How to Be Secular*, Boston, Houghton Mifflin Harcourt, 2012.

Bhargava R. (ed.), *Secularism and Its Critics*, Oxford University Press, 1998.

Cabanel P., *Les Mots de la laïcité*, Toulouse, Presses universitaires du Mirail, 2004.

Casanova J., *Public Religions in a Modern World*, University of Chicago Press, 1994.

Catroga F., *Entre Deuses e Césares. Secularizaçào, laicidade e religiào civil*, Cimbra, Almedina, 2006.

Corn G., *La Question religieuse au XXIe siècle*, La Découverte, 2006.

Côte P., Gunn J. (dir.), *La Nouvelle Question religieuse. Régulation ou ingérence de l'État ?*, Bruxelles, Peter Lang, 2006.

Delcroix V., Diantiell E. (eds.), *Interpretar la modernidad religiosa*, Montevideo, CLAEH, 2007.

Eslin J.-Cl., *Dieu et le pouvoir. Théologie et politique en Occident*, Le Seuil, 1999.

Frégosi F., *Penser l'islam dans la laïcité*, Fayard, 2008.

Kintzler C., *Penser la laïcité*, Minerve, 2014.

Laborde C., *Français, encore un effort pour être républicains !*, Le Seuil, 2010.

Madam T. N., *Essays on Religion, Secularism and Culture*, Oxford University Press, 2006.

Milot M., *La Laïcité*, Ottawa, 2008.

Monod J.-Cl., *Sécularisation et Laïcité*, Puf, 2007.

Portier Ph. (dir.), *La Laïcité, une valeur d'aujourd'hui ?*, Presses Universitaires de Rennes, 2001.

Renaut A., Touraine A., *Un débat sur la laïcité*, Stock, 2005.

Walzer M., *Traité sur la tolérance*, Gallimard, 1998.

Weithman P. J, *Religion and Obligation of Citizenship*, Cambridge University Press, 2002.

Westerlund D., *Questioning the Secular State*, London, Hurst & Co., 1996.

ライシテ研究書

Archives de sciences sociales des religions, Les laïcités dans les Amériques, *ASSR*, 146, éd. de l'EHESS, 2009.

Amiraux V., G. Jonker (eds.), *Politics of Visibility. Young Muslims in European Public Spaces*, Bielefeld, Verlag, 2006.

Baubérot J., *La Laïcité falsifiée*, La Découverte, 2012.

Berges N., *The Development of Secularism in Turkey*, New York, Routledge, 1997.

Blancarte R. (ed.), *Los retos de la laicidad y la secularization en el mundo contemporàneo*, El Colegio de Mexico, 2008.

Cadi L. C., Sharkman Hurd E. (ed), *Comparative Secularisms in a Global Age*, New York, Palgrave Macmillan, 2010.

Chélini-Pont B., Gunn J., *Dieu en France et aux États-Unis. Quand les mythes font la loi*, Berg International, 2005.

Classen C. D., *Religionsfreiheit und Staatkirchenrecht in der Grundrechts-ordnung*, Tübingen, Mohr Siebeck, 2003.

Delisle Ph. (dir.), *Les Relations Églises-État en situation postcoloniale. Amérique, Afrique, Asie, Océanie*, Karthala, 2003.

Ducomte J.-M., *Laïcité-Laïcités ?*, Toulouse, Privat, 2012.

Dreisbach D., *Thomas Jefferson and the Wall of Separation Between Church and State*, New York University Press, 2002.

Duram W. C., Lindholm T. (eds.), *Faciliting Freedom of Religion or Belief*, Leiden, Martinus Nijhoff, 2004.

Ferrari A, *Libertà scolastiche e laicità dello Stato in Italia e Francia*, Torino, Giappichelli, 2002.

Fox J., *A World Survey of Religion and the State*, Cambridge University Press, 2008.

Beaufort (de) F., Van Scie P. (eds.), *Separation of Church and State in Europe*, Brussels, European Liberal Forum, 2008.

Gonzalez G. (dir.), *Laïcité, liberté de religion et Convention européenne des droits de l'homme*, Bruxelles, Bruylant, 2006.

Hamburger Ph., *Separation of Church and State*, Harvard University Press, 2002.

Hargreaves A. *et alii* (eds.), *Politics and religion in France and the United States*, Lanham, Lexington Books, 2007.

Kaboglu I. O., *Laiklik ve Democratie*, Ankara, Imge Dagitim, 2001.

Lorcerie Fr., *La Politisation du voile en France, en Europe et dans le monde arabe*, L'Harmattan, 2005.

Llamazares F. D., *Derecho de la Libertad de Conciencia. I Liberdad de Conciencia y Laicidad*, Madrid, Thomson-Civitas, 2000.

Madam T. N., *Modern Myths, Locked Minds. Secularism and Fundamentalism in India*, Oxford University Press, 2005.

Mallimaci F. (ed.), *Modernidad religion y memoria*, Buenos Aires, Colihue, 2008.

Massignon B., *Des Dieux et des fonctionnaires. Religions et laïcités face au défi de la construction européenne*, Presses universitaires de Rennes, 2007.

Norris P., Inglehart R., *Sacred and Secular. Religion and Politics Worldwide*, Cambridge University Press, 2004.

Pérez-Agote A., Santiago J., *Religion y politica en la sociedad actual*, Madrid, CIS, 2008.

Perry M., *Under God? Religious Faith and Liberal Democracy*, Cambridge University Press, 2002.

Proeschel Cl., *L'Idée de laïcité. Une comparaison franco-espagnole*, L'Harmattan, 2005.

Schreiber, J.-P. (dir.), *Le Blasphème : du pêché au crime*, Éditions de l'Université de Bruxelles, 2012.

Smith D., *India as a secular State*, Princeton University Press, 1983.

Singaravelou (dir.), *Laïcité : enjeux et pratiques*, Presses Universitaires de Bordeaux, 2007.

Toscer-Angot S., *Les Enfants de Luther, Marx et Mahomet. Religion et politique en Allemagne*, Desclée de Brouwer, 2012.

Thorson Plesner I., *Freedom of Religion and Belief: A Quest for State Neutrality?*, thèse, University of Oslo, 2008.

Ventura M., *La Laicità dell'Unione Europea. Dirriti, Mercado, Religione*, Turin, Giappichielli, 2001.

参考文献②
（本文中に紹介されている著作）

【1】Bastian J.-P. (dir.), *La Modernité religieuse en perspective comparée, Europe latine-Amérique latine*, Karthala, 2001.
【2】Baubérot J. (dir.), *La Laïcité à l'épreuve. Religions et libertés dans le monde*, Universalis, 2004.
【3】Baubérot J., *Une laïcité interculturelle. Le Québec avenir de la France ?*, La Tour d'Aigues, L'Aube, 2008.
【4】Baubérot J., *Histoire de la laïcité en France*, PUF(Que sais-je?), 2013.
【5】Baubérot J., Mathieu S., *Religion, modernité et culture au Royaume-Uni et en France*, Le Seuil, 2002.
【6】Baubérot J., Milot M., *Laïcités sans frontières*, Le Seuil, 2011.
【7】Baubérot J., Wieviorka M. (dir.), *De la séparation des Églises et de l'État à l'avenir de la laïcité*, La Tour d'Aigues, L'Aube, 2005.
【8】Bellah R. (ed.), *Varieties of Civil Religion*, San Francisco, Harper & Row, 1980.
【9】Blancarte R., *Laicidad y valores en un Estado democrático*, El Colegio de Mexico, 2000.
【10】Birnbaum J., Viguier F. (dir.), *La Laïcité, une question au présent*, Nantes, Cécile Defaut, 2006.
【11】Blumenberg H., *La légitimité des temps modernes*, Gallimard, 1988 (éd. franç.).
【12】Boorstin D. J., *The Genius of American Politics*, Chicago-London, 1953.
【13】Brennan P., *La Sécularisation de l'Irlande*, Presses universitaires de Caen, 1998.
【14】Boss M., Roger Williams. *Genèse religieuse de l'État laïque*, Genève, Labor et Fides, 2014.
【15】Bost H., *Pierre Bayle*, Fayard, 2006.
【16】Bourdin B., *La Genèse théologico-politique de l'État moderne*, PUF, 2004.
【17】Boureau A., *La Religion de l'État (1250-1350)*, Les Belles Lettres, 2006.
【18】Champion F., *Les Laïcités européennes au miroir du cas britannique*, Presses universitaires de Rennes, 2006.
【19】Christin O., *La Paix de religion*, Le Seuil, 1997.
【20】Conseil d'État, Un siècle de laïcité, La Documentation française.
【21】Corm G., *Pour une lecture profane des conflits*, La Découverte, 2012.
【22】Courbage Y., *Le rendez-vous des civilisations*, Le Seuil, 2007.
【23】Dagron G., *L'Empereur et le Prêtre*, Gallimard, 1996.

【24】 Dides C., *Diálogos Sur-Sur sobre Religión, Derechos y Salud Sexual y Reproductiva: los casos de Argentina, Colombia, Chile y Perú, Santiago*, Universidad Academia, 2004.
【25】 Dierkens A., *L'Intelligentsia européenne en mutation, 1850-1875*, Éd. de l'Université de Bruxelles, 1998.
【26】 Dierkens A., Schreiber J.-Ph., *Laïcité et sécularisation dans l'Union européenne*, Éd. de l'Université de Bruxelles, 2006.
【27】 Dieckhoff A., *La Nation dans tous ses États. Les identités nationales en mouvement*, Flammarion, 2002.
【28】 Ehrenreich B., *The Nation*, 29 novembre 2004.
【29】 Estivalèzes M., *Les Religions dans l'enseignement laïque*, PUF, 2005.
【30】 Fath S., *Dieu bénisse l'Amérique, la religion de la Maison-Blanche*, Paris, Le Seuil, 2004.
【31】 Fiala P., *Mots*, 27, juin 1991.
【32】 Fossaert R., *Hérodote*, 56, janvier-mars 1990.
【33】 Gaboriau M., *Un autre islam*, Albin Michel, 2007.
【34】 Gentile E., *Les Religions de la politique*, Le Seuil, 2005.
【35】 Gill A., *The Political Origins of Religious Liberty*, Cambridge University Press, 2008.
【36】 Goossaert V., Zuber V., *Extrême-Orient - Extrême-Occident*, 24, 2002.
【37】 Gwyn R., *Nationalism without Walls: The Unbearable Lightness of Being Canadian*, McClelland & Stewart, 1995.
【38】 Haarscher G., *La Laïcité*, PUF, 2004.
【39】 Hall T., *Separating Church and State. Roger Williams and Religious Liberty*, University of Illinois Press, 1998.
【40】 Hazard P., *La Pensée européenne au XVIIIe siècle*, Hachette, rééd. 2006.
【41】 Holder G., Sow M. (eds), *L'Afrique des laïcités. État, religion et pouvoirs au sud du Sahara*, Éditions IRD, 2014.
【42】 Horton J., Mendus S.(ed.), *John Locke. A Letter Concerning Toleration in Focus*, Routledge. 2004.
【43】 Isambert F.-A., *De la religion à l'éthique*, Le Cerf, 1992.
【44】 Kantorowicz E., *Les Deux Corps du roi*, Gallimard, 1989 (éd. franç.).
【45】 Kintzler C., *Qu'est-ce que la laïcité ?*, Vrin, 2007.
【46】 Koizumi Y., « Laïcité et liberté religieuse au Japon », *Konan. Journal of Social Sciences*, vol. VII, 2000.
【47】 Kuru A., *Secularism and State Policies toward Religion. The USA, France and Turkey*, Cambridge University Press, 2009.
【48】 Kymlicka W., *La Voie canadienne. Repenser le multiculturalisme*, Boréal, 2003.
【49】 Lacorne D., *De la religion en Amérique*, Gallimard, 2007.
【50】 Lacoste Y., « Géopolitique des religions », *Hérodote*, 106, juillet-septembre

2002.
【51】 Levey G. B., Modood T. (eds.), *Secularism, Religion and Multicultural Citizenship*, Cambridge University Press, 2009.
【52】 Libera A., *La philosophie médiévale*, PUF, 1993.
【53】 Liogier R., *Le Mythe de l'islamisation*, Le Seuil, 2012.
【54】 Luizard P.-J., *Le Choc colonial et l'islam*, La Découverte, 2006.
【55】 Luizard P.-J., *Laïcités autoritaires en terres d'islam*, Fayard, 2008.
【56】 Mély B., *De la séparation des Églises et de l'école. Allemagne, France, Grande-Bretagne, Italie, 1789-1914*, Lausanne, 2004.
【57】 Milot M., *Laïcité dans le Nouveau Monde. Le cas du Québec*, Turnhout, Brepols, 2002.
【58】 Overmyer N., *Religion in China today*, 2003.
【59】 Ozouf M., *L'Homme régénéré*, Gallimard, 1989.
【60】 Poirier Ch., in Jouve B. et Gagnon A.-G., *Les Métropoles au défi de la diversité culturelle*, PUG, 2006.
【61】 Portier Ph. et al. (dir.), *La Modernité contre la religion ? Pour une nouvelle approche de la laïcité*, Presses Universitaires de Rennes, 2010.
【62】 coll., *Religion et politique*, Pleins Feux, 2006.
【63】 Rousselet K., « Les figures de la laïcité postsoviétique en Russie », *Critique internationale*, 44, 2009/3.
【64】 Roy O., *La Laïcité face à l'islam*, Stock, 2005.
【65】 Royle E., I *The Origins of the Secularist Movement 1791-1866, II Secularists and Republicans 1866-1915*, Manchester University Press, 1974, 1980.
【66】 Schmitt C., *Théologie politique*, I, Gallimard, 1988 (éd. franç.).
【67】 Shakman Hurt E., *The Politics of Secularism in International Relations*, Princeton University Press, 2008.
【68】 Shihab S., *Le Monde*, 23 septembre 2006.
【69】 Smith D. E., Galander M. (Bhargava, 1998).
【70】 Srinivasan T. N. (ed.), *The Future of Secularism*, Oxford University Press, 2007.
【71】 Steinberg M., Wanner C., *Religion, Morality, and Community in Post-soviet Societies*, Indiana University Press, 2008.
【72】 Taylor C., *Hegel and Modern Society*, Cambridge University Press, 1979.
【73】 Van der Ver P. (*Imperial Encounter. Religion and Modernity in India and Britain*, Princeton University Press, 2001) .
【74】 Warner R. S., 1992.
【75】 Willaime J.-P., *Europe et religions. Les enjeux du XXIe siècle*, Fayard, 2004.
【76】 Willaime J.-P., Mathieu S. (dir.), *Des maîtres et des dieux. Écoles et religions en Europe*, Belin, 2005.
【77】 Willaime J.-P., Mathieu S., 2006.
【78】 Zoller É. (dir.), *La Conception américaine de la laïcité*, Dalloz, 2005.

【79】 Zuber V. (éd.), *Michel Servet. Hérésie et pluralisme (XVIe-XXIe siècle)*, Champion, 2007.
【80】 Zuber V., Randaxhe F. (dir.), *Laïcité-démocraties, des relations ambiguës*, Turnhout, 2003.
【81】 Zuber V., *Le Culte des droits de l'homme*, Gallimard, 2014.

訳者略歴

私市正年（きさいち・まさとし）
一九四八年生まれ
北海道大学文学部卒
中央大学大学院博士課程修了
現在、上智大学総合グローバル学部教授
（博士「史学」、専門は北アフリカ地域研究）
主要著訳書
J・F・ゲイロー、D・セナ『テロリズム―歴史・類型・対策法』（白水社文庫クセジュ、二〇〇八年）
『マグリブ中世社会とイスラーム聖者崇拝』（山川出版社、二〇〇九年）
『アルジェリアを知るための六二章』（編著、明石書店、二〇〇九年）

中村遥（なかむら・はるか）
上智大学大学院グローバル・スタディーズ研究科地域研究専攻博士後期課程在籍
北アフリカ史専攻
主要論文
「アルジェリアの国民言説とベルベル――アルジェリアの歴史教科書の記述から――」

世界のなかのライシテ
宗教と政治の関係史

二〇一四年九月一〇日印刷
二〇一四年九月三〇日発行

訳者 © 私市正年
中村遥
発行者 及川直志
印刷所 株式会社平河工業社
発行所 株式会社白水社
東京都千代田区神田小川町三の二四
電話 営業部〇三（三二九一）七八一一
編集部〇三（三二九一）七八二一
振替 〇〇一九〇―五―三三二二八
郵便番号一〇一―〇〇五二
http://www.hakusuisha.co.jp
乱丁・落丁本は、送料小社負担にてお取り替えいたします。

製本：平河工業社
ISBN978-4-560-50994-4
Printed in Japan

文庫クセジュ

哲学・心理学・宗教

13 実存主義
114 プロテスタントの歴史
193 哲学入門
199 秘密結社
228 言語と思考
252 神秘主義
326 プラトン
342 ギリシアの神託
355 インドの哲学
362 ヨーロッパ中世の哲学
368 原始キリスト教
374 現象学
400 ユダヤ思想
417 デカルトと合理主義
444 旧約聖書
459 現代フランスの哲学
461 新しい児童心理学
468 構造主義
474 無神論
487 ソクラテス以前の哲学
499 カント哲学
500 マルクス以後のマルクス主義
510 ギリシアの政治思想
519 発生的認識論
525 錬金術
535 占星術
542 ヘーゲル哲学
546 異端審問
558 伝説の国
576 キリスト教思想
592 秘儀伝授
594 ヨーガ
607 東方正教会
625 異端カタリ派
680 ドイツ哲学史
704 トマス哲学入門
708 死海写本
722 薔薇十字団
733 死後の世界
738 医の倫理
739 心霊主義
751 ことばの心理学
754 パスカルの哲学
763 エゾテリスム思想
764 認知神経心理学
768 ニーチェ
773 エピステモロジー
778 フリーメーソン
780 超心理学
789 ロシア・ソヴィエト哲学史
793 フランス宗教史
802 ミシェル・フーコー
807 ドイツ古典哲学
835 セネカ
848 マニ教
851 芸術哲学入門
854 子どもの絵の心理学入門
862 ソフィスト列伝
866 透視術

文庫クセジュ

文庫クセジュ

歴史・地理・民族（俗）学

文庫クセジュ

865 ヴァイマル共和国
870 ビザンツ帝国史
871 ナポレオンの生涯
872 アウグストゥスの世紀
876 悪魔の文化史
877 中欧論
879 ジョージ王朝時代のイギリス
882 聖王ルイの世紀
883 皇帝ユスティニアヌス
885 古代ローマの日常生活
889 バビロン
890 チェチェン
896 カタルーニャの歴史と文化
897 お風呂の歴史
898 フランス領ポリネシア
902 ローマの起源
903 石油の歴史
904 カザフスタン
906 フランスの温泉リゾート
911 現代中央アジア
913 フランス中世史年表
915 クレオパトラ
918 ジプシー
922 朝鮮史
925 フランス・レジスタンス史
928 ヘレニズム文明
932 エトルリア人
935 カルタゴの歴史
937 ビザンツ文明
938 チベット
939 メロヴィング朝
942 アクシオン・フランセーズ
943 大聖堂
945 ハドリアヌス帝
948 ディオクレティアヌスと四帝統治
951 ナポレオン三世
959 ガリレオ
962 100の地点でわかる地政学
964 100語でわかる中国
966 アルジェリア戦争
967 コンスタンティヌス
974 ローマ帝国
979 イタリアの統一
981 古代末期
982 ショアーの歴史
985 シチリアの歴史
986 ローマ共和政
988 100語でわかる西欧中世
993 ペリクレスの世紀

文庫クセジュ

語学・文学